MEMENTO

RECUERDA • TU MUERTE

MORI

MEMENTO MORI

MEMENTO MORI

Recuerda tu Muerte

Escrito por Humberto Montesinos Fundador de
Hombres Peligrosos®

Aviso Legal

MEMENTO MORI

La vida es un suspiro, un eco fugaz,
un fuego que arde y se apaga al final.
La muerte, en su sombra, no trae maldad,
sólo un recordatorio de lo que es real.

En cada instante, el tiempo se va,
como río que no vuelve a su cauce.
Vive hoy, que mañana quizás,
el sol se oculte y tu alma se balance.

Memento Mori: recuerda vivir,
pues lo que tienes no durará.
Haz de tu paso un canto sin fin,
y deja que tu huella no se olvide jamás.

**"...y no hallé cosa en que poner los ojos
que no fuera el recuerdo de la muerte".**

- Quevedo

Comunidad Privada

Primero que nada, te invitamos a unirte a nuestra comunidad privada de WhatsApp, un espacio diseñado especialmente para hombres que buscan crecer y desarrollarse en todos los aspectos de la vida. El libro esta escrito para hombres y mujeres, pero esta comunidad no te la recomiendo si eres mujer.

Ahí encontrarás grupos enfocados en masculinidad, sabiduría, físico, espiritualidad, finanzas y negocios. Es una oportunidad única para aprender, compartir experiencias y rodearte de otros hombres que comparten tu deseo de ser la mejor versión de uno mismo.

¡No te lo pierdas! Únete y empieza tu viaje hacia el crecimiento personal y la superación diaria.

Solo necesitas enviarnos una foto del libro a nuestro Instagram o correo electrónico y junto con la foto del libro envía tu email para hacerte llegar el acceso directo.

Instagram: **@HombresPeligrosos**
Correo: hombrespeligrosososoficial@gmail.com

Te recomiendo unirte a la comunidad antes de leer el libro para que junto con tu lectura puedas compartir y solucionar tus dudas. No olvides dejarnos una reseña de este libro para que más hombres puedan confiar y leerlo, además al mandarnos una captura de pantalla de tu reseña también te regalaremos unos bonos extras para complementar la lectura de este libro.

Una última recomendación y es que leas una reflexión del libro cada mañana y si puedes escuchar "Never meant to belong", "ethereal txmy", "Wait M83" o cualquier sonata de piano mientras lees la reflexión sería estupendo, ya que son piezas que escuchaba cuando estaba escribiendo el libro.

INTRODUCCIÓN

Hermanos, hermanas, esta es una invitación a un viaje que comienza aquí, en las páginas de **Memento Mori**. Sabemos que en la vida se atraviesan momentos oscuros, situaciones que nos desafían de maneras que jamás imaginamos. Ya sea por la enfermedad que te está golpeando, por los dolores invisibles que la depresión deja en tu alma, por las cicatrices que te dejó un pasado marcado por el abuso, tus actuales deudas o la pérdida de tu trabajo o la perdida de alguien que amabas profundamente... tu madre, tu hijo, tu hermano(a), tu pareja... este libro está aquí para ti.

La muerte es lo único cierto en este mundo. Lo que se nos olvida es que la vida, aunque frágil, tiene un propósito. En cada uno de nosotros está el poder de seguir adelante, de enfrentar lo impensable, de levantarnos a pesar de las caídas. Puede que estés pasando por uno de los momentos más difíciles de tu vida, pero les aseguro, que no están solos. En cada página de **Memento Mori**, encontrarás un recordatorio de que hay algo más grande que el sufrimiento. Hay algo más grande que la lucha diaria.

Este libro no es solo para leerlo, es para acompañarte. Cuando las tormentas de la vida te tiren al suelo y la incertidumbre no te deje dormir por las noches, abre este libro y encuentra consuelo, esperanza y la certeza de que el dolor que sientes es válido, pero no definitivo. Y cuando sientas que el peso es insoportable, recuerda que hay otros que atraviesan batallas al igual que tú e incluso mucho más grandes. Hay niños luchando contra el cáncer, personas viviendo en zonas de guerra, familias que han perdido todo. Y, sin embargo, siguen adelante y también tú, estas aquí, estas respirando, luchando, buscando una razón más para seguir.

El camino no será fácil. Habrá días en los que el miedo y la desesperación intentarán nublar tu visión. Pero quiero que recuerdes algo muy importante: *cada página que pases es un paso más en tu camino hacia la sanación y la superación.*

La vida no se mide por las veces que caemos, sino por las veces que nos levantamos. En cada momento de oscuridad, te invito a recordar que tu vida tiene un valor inmenso, y que el mañana siempre puede traer algo mejor, aunque no lo veas aún.

Hoy, al abrir este libro, tomas la decisión más importante: no rendirte. Un día a la vez, mis hermanos y hermanas, una página a la vez. Cada palabra aquí es una luz en tu camino, un recordatorio de que todo, al final, es menos que la muerte. Y si sigues adelante, si sigues peleando, es porque tienes un propósito aún por cumplir.

Este es tu momento.

Memento Mori.

Recuerda tu muerte y recuerda que estás vivo, y eso es suficiente para seguir luchando.

Ahora, abre la primera página, y deja que este viaje comience.

MEMENTO MORI

DIA 1

"Supongo que... tengo miedo".

-   Arthur Morgan

Arthur es un hombre marcado por una vida de violencia, traiciones y decisiones cuestionables, pero a lo largo de su vida, especialmente hacia el final, empieza a enfrentarse a su propia mortalidad y a las consecuencias de su vida. La frase, surge en un momento de introspección, es un reconocimiento de su fragilidad emocional, algo que, a menudo, los hombres tendemos a esconder o a negar. Este "miedo" no se limita a una simple sensación de temor frente a la muerte, sino que engloba el miedo al arrepentimiento, al legado, a no haber hecho las paces con lo que uno ha sido.

Arthur, en su camino hacia la redención, comienza a entender que el miedo también puede ser un indicativo de su deseo de cambiar, de ser algo más. Miedo a lo desconocido, miedo a perder la única vida que ha conocido, miedo al juicio de los demás, y, quizás, miedo a enfrentarse a la persona que ha sido y la que todavía podría ser. Es una reflexión sobre la inevitabilidad del destino. Arthur sabe que sus días están contados, y en este reconocimiento de su finitud, hay una liberación: una aceptación de la fragilidad humana, de que todos somos vulnerables, sin importar el tipo de vida que llevemos o la dureza con la que nos enfrentemos al mundo. El miedo, entonces, no es algo que debamos combatir siempre, sino algo que debemos entender y, en última instancia, abrazar, como una parte esencial de la experiencia humana. Este es el miedo al vacío que surge cuando la vida ha sido vivida sin cuestionamiento, sin una reflexión profunda sobre las mismas consecuencias. Es un recordatorio de que, incluso en los momentos más oscuros, existe una chispa de conciencia que nos permite enfrentar nuestro propio miedo y, tal vez, encontrar alguna forma de paz.

DIA 2

"Cuando era joven disfrutaba de gran libertad, pero no la valoraba, tenía tiempo, pero no lo disfrutaba y tenía amor, pero no lo sentía. Pasarían muchas décadas hasta comprender el significado de los tres y ahora en el ocaso de mi vida la comprensión se ha tornado en satisfacción. Amor, libertad y tiempo, antaño tan desechables son ahora lo que me impulsa, en especial el amor querida mía".

- **Ezio Auditore**

La libertad, el tiempo y el amor. Ezio recuerda su juventud, donde tuvo acceso a estos bienes, pero no supo apreciarlos o darles el significado profundo que merecían. Con el paso del tiempo y la experiencia, logra entender su importancia, transformando esa comprensión en una fuente de satisfacción en la vejez.

Finalmente, enfatiza que el amor, entre los tres, ha adquirido un significado especial, convirtiéndose en su mayor motivación en esta etapa de su vida.

El mensaje central destaca cómo, muchas veces, no valoramos lo que tenemos hasta que lo entendemos plenamente, y cómo ese entendimiento puede llegar tarde, pero aun así llenar nuestra vida de propósito.

DIA 3

"Ojalá hubiera adquirido sabiduría a un precio menor".

- **Hosea Matthews**

Esta frase refleja una profunda nostalgia y arrepentimiento de Hosea. Esta declaración muestra su reconocimiento de que la sabiduría y el aprendizaje en su vida han venido acompañados de sacrificios, pérdidas y decisiones difíciles.

En esencia, expresa que alcanzar el entendimiento y la madurez emocional no siempre es un proceso fácil ni gratuito; a menudo, la vida enseña lecciones a través del sufrimiento y la adversidad.

La frase también puede interpretarse como una observación sobre la vida en general, tanto en el contexto del juego como en un sentido más amplio. Hosea lamenta que el conocimiento que tiene ahora no haya llegado antes, cuando quizás podría haber tomado un camino diferente y evitado algunos de los costos emocionales y físicos que ha pagado.

Es un ejemplo perfecto de cómo Red Dead Redemption 2 humaniza a sus personajes, mostrando sus debilidades, complejidades y reflexiones sobre su propia mortalidad y elecciones.

DIA 4

"Hoy tengo más preguntas que respuestas, por eso he llegado tan lejos en busca de claridad, en busca de la sabiduría. Mi historia no es sino una de miles y el mundo no sufrirá porque acabe prematuramente".

- **Ezio Auditore**

Ezio se encuentra en un momento de introspección y madurez. Reconoce que su lucha, aunque noble, parece encaminada hacia el caos, dejando más preguntas que respuestas. Esto muestra su sabiduría al admitir que no posee todas las certezas y que el verdadero propósito de la lucha no es el conflicto en sí, sino el entendimiento y la búsqueda de la verdad.

Su mensaje a Claudia es especialmente conmovedor: Ezio no desea que su lucha sea perpetuada por odio o venganzas personales. En cambio, quiere que su legado sea la búsqueda de un bien mayor, un esfuerzo colectivo por la verdad y la justicia que beneficie a todos, no solo a él o a su causa inmediata. Esta visión trasciende su ego y muestra su comprensión de que su vida, aunque significativa, es solo una entre muchas en un mundo que seguirá girando con o sin él.

Finalmente, este texto es una meditación sobre la humildad y el sacrificio. Ezio entiende que su misión es solo una pieza de un rompecabezas mucho más grande, y su voluntad de aceptar su mortalidad sin miedo o egoísmo lo convierte en un líder digno y un hombre admirable. Nos invita a reflexionar sobre nuestras propias luchas, sobre si estamos guiados por el resentimiento o por un propósito más elevado que deje un impacto positivo en el mundo y en nosotros.

DIA 5

"No podemos cambiar lo que está hecho, sólo podemos seguir adelante".

- **Arthur Morgan**

Arthur Morgan refleja una visión pragmática y filosófica sobre la vida. Al decir "No podemos cambiar lo que está hecho, sólo podemos seguir adelante", Arthur está expresando la idea de que, en muchos casos, no podemos alterar el pasado ni corregir errores que ya hemos cometido. Las decisiones que tomamos, ya sean buenas o malas, son parte de nuestra historia y, aunque podemos arrepentirnos o lamentarlas, lo único que realmente podemos hacer es aceptar lo sucedido y continuar con nuestras vidas.

Este concepto se relaciona con el tema central de Red Dead Redemption 2, donde los personajes, especialmente Arthur, están atrapados entre las acciones del pasado y las consecuencias que estas generan, mientras tratan de encontrar una forma de redención o aceptación. Es una reflexión sobre el destino y la inevitabilidad de ciertos eventos en la vida, así como sobre la resiliencia y la capacidad humana de seguir adelante, incluso cuando las circunstancias son difíciles.

En resumen, Arthur nos recuerda que, aunque no podemos cambiar lo que ya hemos hecho, lo que realmente importa es cómo enfrentamos el futuro y cómo decidimos actuar después de lo ocurrido.

MEMENTO MORI

DIA 6

"No hay elección hijo, ningún hombre puede huir de su propia historia".

\- **Rango**

Las palabras de la película Rango nos invitan a reflexionar sobre la relación entre nuestras acciones y nuestra identidad. *"Las acciones forjan al hombre"* nos recuerda que no somos definidos por lo que soñamos o lo que deseamos, sino por lo que realmente hacemos. Cada acción, por pequeña que sea, contribuye a construir el ser que llegamos a ser. Es a través de nuestras decisiones, nuestra valentía y nuestros errores que creamos nuestra esencia.

Por otro lado, *"No hay elección hijo, ningún hombre puede huir de su propia historia"* refleja una realidad profunda: no podemos escapar de las consecuencias de nuestras decisiones. Nuestra historia está escrita por lo que elegimos hacer en el presente, y aunque siempre podemos aprender y cambiar, nuestras acciones pasadas nos han dado forma. Somos responsables de lo que hemos creado, y en ese poder de asumir nuestra historia, también está la libertad de reescribirla.

Como hombres, esta reflexión nos impulsa a ser conscientes de nuestro poder y nuestra responsabilidad. Si queremos una vida de propósito, debemos actuar con determinación y ser coherentes con los valores que deseamos defender. No podemos ser espectadores de nuestra historia, sino protagonistas activos que, con cada acción, forjan el camino hacia la vida que realmente deseamos vivir.

DIA 7

"Oh, sí... El pasado puede doler, pero tal como yo lo veo puedes huir de él o aprender".

- **Rafiki**

Esta frase encierra una de las enseñanzas más profundas sobre cómo enfrentar las adversidades de la vida. En el contexto de la película, Rafiki le recuerda a Simba que, aunque el pasado, con sus errores y pérdidas, puede doler, la forma en que decidimos enfrentarlo es lo que realmente define nuestro futuro. Huir de él solo prolonga el sufrimiento, pero aprender de él nos da el poder de crecer.

Como hombres, esta reflexión es crucial. Todos enfrentamos momentos difíciles, fracasos o pérdidas que nos dejan cicatrices, pero no debemos permitir que estos eventos nos definan o nos paralicen. En lugar de vivir en la negación o en la tristeza, podemos elegir aprender, crecer y convertir esas experiencias en lecciones valiosas que nos fortalezcan. Es importante no menospreciar este mensaje, porque muchas veces la tendencia es aferrarnos al pasado, al resentimiento o al miedo, y eso solo nos mantiene estancados.

La verdadera libertad radica en abrazar esas lecciones, en reconocer lo que ya no podemos cambiar y en tomar el control de lo que podemos hacer con el presente. Aprender del pasado nos permite transformarlo en una herramienta que impulsa nuestro crecimiento, no en una carga que nos limita. Al comprender esto, podemos liberarnos de lo que nos pesa y avanzar con fuerza hacia el futuro que deseamos construir.

DIA 8

"Si la historia debe cambiar, que cambie. Si el mundo es destruido, que así sea. Si mi destino es morir, simplemente me reiré de él".

- **Magus**

Esta frase refleja una actitud de desafío, de aceptación radical y de valentía ante lo incierto y lo inevitable. Magus, en este momento, está dispuesto a enfrentarse a la adversidad sin temor, sin intentar controlar todo lo que escapa de su alcance. Es una declaración de aceptación de que, aunque no siempre podemos dictar el curso de los eventos, lo que sí podemos controlar es nuestra actitud frente a ellos.

Podemos aprender mucho de esta perspectiva. La vida está llena de cambios impredecibles y de momentos difíciles, pero el verdadero poder radica en cómo respondemos ante ellos. No podemos controlar todo lo que nos sucede, pero siempre tenemos la capacidad de decidir cómo reaccionar. Esta mentalidad no es una llamada al conformismo, sino a la resiliencia. En lugar de lamentarnos por las circunstancias, podemos elegir enfrentarlas con fuerza y determinación, aceptando que lo que está fuera de nuestro control no debe robarnos nuestra paz interior ni nuestra capacidad de seguir adelante. Al adoptar esta actitud, podemos liberarnos del miedo al fracaso, al rechazo o a la muerte misma. La vida es finita y, por lo tanto, nos invita a vivir plenamente, sin quedarnos atrapados en lo que no podemos cambiar. Como hombres, entender esto nos permite vivir con propósito, sin dejar que los obstáculos o el destino nos derroten. En última instancia, la vida se trata de cómo elegimos vivirla y enfrentarla, con la misma valentía con la que Magus desafía su destino.

DIA 9

*"He luchado mucho tiempo por sobrevivir,
pero no importa qué, siempre tienes que
encontrar algo por lo que luchar".*

- **Joel**

Esta reflexión encapsula una profunda verdad sobre la naturaleza humana y la importancia del propósito en la vida. En el contexto, Joel ha atravesado innumerables adversidades. Ha perdido mucho, y su enfoque inicial se centra únicamente en sobrevivir. Sin embargo, a medida que avanza, Joel se da cuenta de que la supervivencia por sí sola no es suficiente para mantenernos. Es necesario encontrar algo más grande que valga la pena, algo por lo que seguir luchando.

Como hombres, esta reflexión tiene un gran peso. La vida puede ser dura, llena de desafíos, obstáculos y momentos de desesperación. Es fácil caer en la rutina de simplemente "sobrevivir", de arrastrarnos de un día a otro sin un verdadero propósito. Pero, aunque las dificultades son inevitables, lo que realmente nos da fuerza para seguir adelante es tener un propósito claro. Ese propósito puede ser diverso: proteger a nuestros seres queridos, buscar un cambio en el mundo, cumplir nuestros sueños o incluso simplemente encontrar la paz interior. Lo importante es que ese propósito nos dé la razón para levantarnos cada mañana, aun cuando las circunstancias nos pongan a prueba. Al encontrar algo por lo que luchar, no solo estamos sobreviviendo, sino viviendo de manera plena.

Esta reflexión nos recuerda que, independientemente de lo que enfrentemos, siempre debemos buscar un propósito que nos inspire, que nos dé fuerzas y que nos haga sentir que nuestras batallas tienen un sentido más allá de la simple existencia.

DIA 10

"Sólo tú puedes decidir qué hacer con el tiempo que se te ha dado".

- Gandalf

Esto es un recordatorio poderoso sobre la responsabilidad personal y la libertad de elegir en medio de las circunstancias. En el contexto de la historia, Frodo se encuentra abrumado por la carga de llevar el Anillo Único, una tarea que parece imposible y llena de sufrimiento. Gandalf, al decirle estas palabras, le recuerda que, aunque el destino de la Tierra Media esté en sus manos, él tiene el poder de decidir cómo enfrentar su propia travesía y cómo usar el tiempo que le queda, independientemente de lo que el futuro le depare.

Esta frase resuena profundamente en nuestras vidas. Muchas veces nos sentimos atrapados por las circunstancias, por los desafíos que enfrentamos o por las expectativas ajenas. Es fácil caer en la trampa de sentir que el tiempo se nos escapa sin tener control sobre él, o que nuestras vidas están determinadas por fuerzas externas. Sin embargo, lo que se nos enseña aquí es que, aunque no siempre controlamos lo que nos ocurre, sí controlamos cómo elegimos usar el tiempo que tenemos. Podemos decidir si nos rendimos ante las adversidades o si seguimos adelante con determinación, si vivimos con propósito o si simplemente dejamos que los días pasen sin rumbo. Este mensaje nos invita a ser dueños de nuestro tiempo, a ser conscientes de cómo lo invertimos en lo que realmente importa: nuestras pasiones, nuestros sueños, nuestras relaciones y nuestro crecimiento personal. Es fácil postergar, dejar que las oportunidades se deslicen, pero cada momento es una oportunidad única para avanzar, para hacer algo significativo.

MEMENTO MORI

DIA 11

"El curso del tiempo es muy cruel... Para cada persona es distinto, pero nadie puede cambiarlo jamás... Una cosa que no cambia con el tiempo es el recuerdo de tus días de juventud..."

- **Sheik**

Este texto refleja la inevitabilidad y la belleza del paso del tiempo. El tiempo es una fuerza que no se puede detener ni retroceder. Nos lleva por diferentes etapas de la vida, algunas más fáciles que otras, y nos cambia de maneras profundas. A medida que crecemos, dejamos atrás ciertos momentos, relaciones y partes de nuestra vida. Sin embargo, Sheik nos recuerda que los recuerdos de nuestra juventud, de aquellos momentos que nos definieron y nos hicieron ser quienes somos, son inmortales.

Esta reflexión nos invita a apreciar el tiempo y a no dejar que la prisa por alcanzar metas o enfrentar desafíos nos haga perder de vista lo que realmente importa. Aunque el futuro es incierto y el paso del tiempo puede parecer imparable, siempre podemos elegir cómo vivir en el presente. Cada etapa de la vida tiene su valor y lecciones, y lo que hagamos con nuestro tiempo ahora definirá los recuerdos que llevaremos en el futuro.

No debemos esperar a que pase el tiempo para apreciar lo que tenemos, ni aferrarnos demasiado a lo que ya fue. En lugar de enfocarnos solo en el futuro, es vital aprovechar y vivir plenamente el presente, valorando tanto los momentos de juventud como las lecciones que vienen con la madurez. Porque, al final, lo que realmente permanecerá será la memoria de cómo decidimos vivir nuestro tiempo.

DIA 12

"¿Por qué caemos?... Para aprender a levantarnos".

- **Alfred**

Esta frase nos recuerda que el fracaso y las dificultades no son el final, sino una oportunidad para crecer. Todos, en algún momento de nuestras vidas, enfrentamos momentos de caída, ya sea por errores, fracasos o circunstancias fuera de nuestro control. Sin embargo, estos tropiezos son esenciales para nuestra evolución personal.

Caer nos permite aprender lecciones que de otra manera no podríamos conocer. Nos enseña a ser más resilientes, más fuertes y más sabios. Cada vez que nos levantamos, lo hacemos con más experiencia, y nuestra capacidad de enfrentarnos a los retos se vuelve más grande.

En la vida, el proceso de levantarnos es fundamental. No se trata de evitar las caídas, sino de cómo las enfrentamos. Es un recordatorio de que cada vez que nos caemos, tenemos la oportunidad de volver a intentarlo, mejor preparados. Aplicar esta mentalidad nos ayuda a ver los fracasos no como finales, sino como escalones hacia el éxito. Y lo más importante, que no estamos solos en el proceso; siempre tenemos la capacidad de levantarnos, más fuertes que antes.

Este concepto, de forma práctica, puede aplicarse en cualquier área de nuestra vida, desde el trabajo, relaciones, hasta proyectos personales. La clave es nunca rendirse, aprender de las experiencias y seguir adelante con determinación.

DIA 13

"No soy un buen hombre. Soy un criminal y un asesino. Necesito que mis hijos crezcan odiando mi recuerdo".

- **Jax Teller**

Jax Teller es un hombre atrapado entre su amor por su familia y los oscuros caminos que ha elegido, primero como líder de una banda criminal.

A veces, los errores más oscuros de nuestra vida nos hacen sentir que no somos dignos de redención. Sin embargo, la frase de Jax Teller nos invita a reflexionar sobre las decisiones que tomamos y cómo estas nos definen, pero también cómo podemos cambiar, incluso en nuestras sombras. Aunque sintamos que hemos fallado, nunca es tarde para redimirnos y ofrecer a los demás algo mejor: el deseo de un futuro más brillante para quienes amamos. Esto muestra la lucha interna que todos podemos experimentar en algún momento, cuando sentimos que nuestros errores son irreparables.

Jax, al ver sus acciones pasadas, está atrapado en un sentimiento de desesperanza, pero esta reflexión nos recuerda que nuestra historia no está escrita en piedra. Lo que hagamos a partir de ahora puede cambiar no solo nuestra vida, sino la de quienes nos rodean. Si bien el arrepentimiento es una carga pesada, también puede ser el impulso para tomar decisiones que nos transformen y que dejen un legado positivo para los que nos siguen.

DIA 14

"¡Cuando la vida se pone difícil, te levantas, peleas, y le enseñas quien está a cargo!"

-   **Undyne**

Undyne es conocida por su valentía y fuerza. Ella representa el espíritu de lucha incansable ante las dificultades, manteniendo siempre la cabeza alta, sin importar cuán duro se ponga el camino. Sus palabras nos enseñan que la vida puede ser brutal, pero no somos seres diseñados para rendirnos. Cuando las dificultades nos golpean, la verdadera fuerza se muestra al levantarnos, enfrentarlas con coraje y demostrar que no hay nada que nos haga perder el control sobre nuestro destino.

¡Nunca dejes que los obstáculos te definan, tú decides quién está al mando!

Los momentos difíciles no son el fin, sino la oportunidad de mostrarnos más fuertes. Cuando las adversidades lleguen, en lugar de sucumbir, es el momento de reaccionar con valentía y determinación.

Aplicar este pensamiento en nuestra vida diaria significa mantener la fe en nosotros mismos y tomar el control, incluso cuando todo parece fuera de lugar. Recordar que, aunque las cosas se pongan difíciles, siempre podemos elegir cómo enfrentarlas.

DIA 15

"No es lo que seas en el interior, tus actos son lo que te definen".

-   **Rachel Dawes**

Lo que somos en nuestro corazón es importante, pero son nuestras acciones las que realmente nos definen. Las decisiones que tomamos, cómo tratamos a los demás y lo que hacemos cuando nadie está mirando es lo que deja una huella verdadera. No se trata solo de lo que sentimos, sino de cómo lo demostramos al mundo.

La frase nos recuerda que nuestros valores y sentimientos deben traducirse en acciones concretas. No basta con tener buenas intenciones; nuestras elecciones diarias, cómo respondemos ante los retos y cómo impactamos a los demás, son lo que realmente construye nuestro carácter. Es un llamado a ser coherentes y a actuar con integridad en todo lo que hacemos.

MEMENTO MORI

DIA 16

"Mi conclusión es que el odio es un lastre. La vida es demasiado corta para estar siempre cabreado".

- **Edward Norton**

Edward Norton, comienza a reflexionar sobre su pasado lleno de odio y violencia, y llega a la conclusión de que ese odio fue lo que lo mantuvo atrapado en un ciclo destructivo. El odio es como una carga pesada que arrastramos todo el tiempo, sin darnos cuenta de que nos impide avanzar y disfrutar de lo que realmente importa.

La vida es breve, y pasarnos el tiempo alimentando rencor o ira no solo nos consume emocionalmente, sino que nos aleja de las oportunidades de crecimiento y de la paz interior. La verdadera fuerza radica en soltar ese lastre y encontrar maneras de sanar, perdonar y enfocarnos en lo positivo. Es importante empezar a cuestionar los sentimientos de ira y odio que puedas estar cargando...

¿Por qué sigues alimentándolos? ¿Cómo te afectan en tu día a día? Reconocer que esos sentimientos son una carga que te impide ser tu mejor versión es un paso fundamental. Practicar el perdón, no solo hacia los demás, sino también hacia ti mismo, te liberará de esa carga. La meditación, la reflexión personal o simplemente el intentar ver las situaciones desde una perspectiva más compasiva puede ser un buen punto de partida. Liberarse del odio te permite vivir más plenamente y con menos estrés.

DIA 17

"El caos no es un foso, es una escalera.
Muchos intentan subirla y fracasan".

- **Petyr Baelish**

El caos en la vida no siempre es algo negativo o un obstáculo insuperable; más bien, puede ser una oportunidad disfrazada. La vida está llena de momentos desordenados, de incertidumbre y confusión, pero esos momentos también son puertas hacia el crecimiento y el cambio. La clave está en saber cómo navegar a través de ellos, aprender de la dificultad y usarla para escalar hacia un futuro más fuerte y sabio. No todos son capaces de ver las oportunidades en medio del caos, pero quienes lo hacen son los que logran avanzar.

Es importante aprender a cambiar tu perspectiva sobre las situaciones difíciles. En lugar de ver los momentos caóticos como obstáculos, puedes considerarlos como oportunidades de crecimiento. Cada dificultad que enfrentas puede ser una lección, una oportunidad para aprender algo nuevo sobre ti mismo, sobre los demás o sobre el mundo. La clave es mantener una mentalidad resiliente y no rendirse cuando las cosas se complican.

En vez de desesperarte o caer en el miedo, busca maneras de adaptarte y usar ese caos como una escalera para llegar más alto. Los fracasos, por más dolorosos que sean, pueden ser escalones que te llevan más cerca de tus metas.

DIA 18

"Lo correcto... ¿Qué es? Si haces lo correcto...
¿Realmente haces feliz a todo el mundo?".

- **Niño Lunar**

La idea de hacer lo "correcto" no siempre es tan clara ni simple como parece. A veces lo correcto es lo que te hace sentir en paz contigo mismo, aunque no siempre sea lo que otros esperan o desean. En la vida, tomar decisiones que consideras justas o correctas puede no agradar a todo el mundo, y está bien.

La felicidad no depende de complacer a todos, sino de mantener tu integridad y de actuar de acuerdo con tus principios, incluso si eso significa que algunas personas no estarán contentas. La verdadera satisfacción viene de saber que has hecho lo que consideras lo mejor en cada situación.

Es importante reconocer que no siempre podrás agradar a todo el mundo, y eso no debe ser tu objetivo principal. Haz un esfuerzo por ser honesto y actuar de acuerdo con tus valores, pero ten en cuenta que cada decisión que tomes tendrá un impacto diferente en las personas a tu alrededor. A veces, lo "correcto" puede significar decir algo difícil o tomar un camino que no es popular, pero que te acerca a ser la mejor versión de ti mismo. La clave es ser fiel a tus principios y actuar con responsabilidad, aceptando que no todo el mundo entenderá o apoyará tus decisiones.

DIA 19

"O mueres como un héroe o vives lo suficiente para convertirte en el villano".

- **Harvey Dent**

Harvey Dent pronuncia esta frase en un momento crítico de la historia, mientras se enfrenta a las consecuencias de la corrupción y la lucha por la justicia. La frase refleja la transformación de Dent de un héroe a un villano, simbolizando cómo, en la lucha contra el mal, uno puede perderse a sí mismo si no mantiene su brújula moral.

Todos tenemos la capacidad de hacer el bien y de luchar por lo correcto, pero el tiempo y las circunstancias pueden cambiar la forma en que vemos el mundo. A veces, la línea entre lo correcto y lo incorrecto se vuelve difusa, y lo que parecía ser un camino noble puede volverse algo oscuro. Esta frase nos invita a reflexionar sobre cómo nuestras decisiones, a lo largo del tiempo, pueden afectarnos y transformarnos. El verdadero desafío no es solo hacer lo correcto en un momento dado, sino mantener nuestra integridad a medida que enfrentamos las adversidades y el poder. Elige ser consciente de tus acciones para evitar que, con el tiempo, te conviertas en aquello que alguna vez luchaste por evitar.

El éxito y el poder pueden cambiar nuestra forma de pensar y actuar, y a veces es fácil perderse en ellos. La clave es mantener siempre un equilibrio, ser consciente de tus decisiones y ver cómo estas afectan tu bienestar emocional y ético te permitirá evitar caer en comportamientos egoístas o destructivos. Vive con autenticidad, sin perder de vista lo que realmente te hace ser una buena persona, incluso cuando enfrentes dificultades o tentaciones.

DIA 20

"Nunca dejes que nadie te diga que no puedes hacer algo. Si tienes un sueño, tienes que protegerlo. Las personas que no son capaces de hacer algo por ellos mismos, te dirán que tú tampoco puedes hacerlo. ¿Quieres algo? Ve por ello y punto".

- **Chris Gardner.**

La frase refleja la lucha personal que Gardner enfrentó mientras trataba de alcanzar su sueño de ser un corredor de bolsa, a pesar de los obstáculos, las dificultades económicas y las personas que intentaron desanimarlo.

Es un recordatorio poderoso de que la única persona que limita tus sueños eres tú mismo. El mundo está lleno de voces que intentarán frenarte, ya sea por miedo, envidia o inseguridad. Pero lo más importante es que tú crees en ti, que protejas tus sueños con determinación y pasión. Nadie puede definir tu potencial ni las metas que puedes alcanzar. Si realmente deseas algo, no dejes que nada ni nadie te haga dudar de ello. Sigue adelante, incluso cuando las adversidades aparezcan. ¡Tus sueños están a tu alcance si te atreves a luchar por ellos!

Es crucial que te rodees de personas que te apoyen, pero también aprendas a ignorar las críticas destructivas. La gente a menudo proyecta sus propios miedos y limitaciones en los demás, pero eso no significa que debas aceptarlo. La clave está en confiar en ti mismo, en tus habilidades y en tus sueños, sin importar los obstáculos que enfrentes. Si te encuentras con alguien que te dice que no puedes hacerlo, usa esa resistencia como combustible para seguir adelante con más fuerza.

MEMENTO MORI

DIA 21

"Mi código entero, el que me guio en la vida y por el cual maté. ¿Era verdadero? ¿O existía una verdad más grande y yo era demasiado tonto para ver?".

- **Arthur Morgan**

Este texto escrito en el diario de Arthur Morgan, es profundo y nos invita a reflexionar sobre la moralidad, las decisiones que tomamos y el precio que estamos dispuestos a pagar por nuestras creencias.

Arthur es un hombre que vive según un código de honor muy claro, pero empieza a cuestionar ese código, especialmente al ver el sufrimiento que sus acciones causan. Esta frase refleja su duda interna, donde se da cuenta de que tal vez su vida ha sido guiada por un código erróneo, y se pregunta si hay una verdad más grande que aún no ha comprendido.

Muchas veces, vivimos con un conjunto de principios y reglas que creemos que definen quiénes somos, y nos aferramos a ellos sin cuestionarlos. Sin embargo, llega un punto en la vida donde debemos detenernos a preguntarnos: ¿Realmente estoy siguiendo el camino correcto? ¿O quizás existe algo más grande, algo más sabio, más allá de lo que he conocido hasta ahora? Esta duda no es una señal de debilidad, sino de crecimiento. El valor no está solo en seguir nuestros propios códigos, sino en la valentía de reconocer cuando necesitamos cambiar, aprender y evolucionar. Si cuestionamos nuestras propias creencias, tenemos la oportunidad de encontrar una verdad más profunda que nos permita vivir con mayor propósito.

DIA 22

"El viento sopla más fuerte cuanto más cerca estás de la cumbre de la montaña".

- Leland Owlsley

Esta frase nos recuerda que, a medida que nos acercamos a nuestras metas y alcanzamos mayores logros, las dificultades y desafíos también aumentan. Pero, en lugar de desanimarnos por la fuerza del viento, debemos verlos como una señal de que estamos avanzando y alcanzando nuevas alturas.

El viento, en este caso, representa las adversidades, pero son esas mismas adversidades las que prueban nuestra fortaleza y determinación. Si sigues adelante a pesar de ellas, la recompensa será aún mayor. La motivación aquí es clara: cada obstáculo es una oportunidad para demostrar tu resistencia y seguir subiendo.

Aplicar esta frase a tu vida significa entender que cuando te acercas a lo que realmente deseas, no todo se va a poner más fácil. Es probable que enfrentes más desafíos, críticas o momentos difíciles. Sin embargo, en lugar de rendirte, debes verlos como parte del proceso. Por ejemplo, si estás trabajando por un proyecto importante, es normal que, al acercarte a la culminación, surjan más dificultades. La clave está en mantener la calma, enfocarte en lo que has aprendido hasta el momento y seguir adelante con más determinación. La perseverancia frente a la adversidad es lo que te llevará a la cima.

DIA 23

"Es toda una experiencia vivir con miedo, ¿verdad? Eso es lo que significa ser un esclavo".

- **Roy Batty**

Roy Batty, expresa que vivir con miedo es una forma de esclavitud, una reflexión profunda sobre cómo las personas pueden estar atrapadas por sus propios temores, que les impiden vivir plenamente. Batty, al enfrentarse a su propia mortalidad y a las restricciones impuestas por los humanos, subraya la importancia de la libertad y la autodeterminación.

Nos recuerda que el miedo tiene el poder de limitar nuestra libertad y nuestras posibilidades. Vivir bajo el yugo del miedo nos encierra en una jaula invisible, donde nuestras decisiones y sueños son condicionados por la incertidumbre y la ansiedad.

La verdadera motivación aquí es desafiar ese miedo, liberarnos de él y asumir el control de nuestra vida. Solo cuando enfrentamos nuestros miedos podemos experimentar la verdadera libertad, explorar nuestras capacidades y alcanzar el potencial que tenemos dentro.

DIA 24

"No importa cuán oscura sea la noche, el día siempre vuelve a aparecer y nuestro viaje comienza una vez más".

- **Lulu**

Lulu nos recuerda que, sin importar cuán difíciles o sombrías sean las etapas que enfrentamos, siempre hay una nueva oportunidad de comenzar de nuevo. La noche simboliza los momentos duros, las pruebas y las pérdidas que atravesamos en la vida, pero el día que regresa es una metáfora de la esperanza, el renacer y la posibilidad de seguir adelante. La motivación aquí es saber que, incluso en los momentos más oscuros, el futuro siempre trae nuevas oportunidades para empezar de nuevo y encontrar el camino nuevamente.

Esto implica entender que no hay fracaso permanente. Cada día es una nueva oportunidad para avanzar, aprender de los errores y superar los obstáculos. Si estás pasando por una etapa difícil, ya sea personal, profesional o emocional, recuerda que después de la oscuridad siempre viene la luz. No dejes que los momentos difíciles te definan o te hagan sentir que no puedes seguir adelante.

Por ejemplo, si estás atravesando una etapa de tristeza o incertidumbre, reconoce que todo eso pasará, y el nuevo día traerá consigo nuevas energías y oportunidades. Aprovecha cada comienzo como una chance para empezar con renovada fuerza.

DIA 25

"No importa cuánto crezcamos, o cuánto envejezcamos. Siempre estamos tropezando, haciéndonos preguntas. Eternamente jóvenes".

- **Alex Karev**

Alex Karev, es un médico que pasa por varias etapas de crecimiento personal, a medida que madura, pasa por experiencias que lo hacen cuestionarse a sí mismo y reflexionar sobre su vida. La frase refleja su reconocimiento de que, por mucho que crezca o avance, siempre habrá desafíos y momentos de duda, y eso es lo que lo mantiene en constante evolución.

Nos recuerda que, independientemente de nuestra edad o experiencia, siempre estamos en un proceso de aprendizaje, crecimiento y autodescubrimiento. La vida no se trata de llegar a un punto donde ya tengamos todas las respuestas, sino de seguir explorando, equivocándonos y aprendiendo de cada paso. Aceptar que la incertidumbre y los tropiezos son parte de la vida y, lejos de ser un signo de debilidad, son una muestra de que seguimos evolucionando y buscando nuestro propósito.

La juventud no está solo en los años, sino en nuestra disposición a seguir preguntándonos y aprendiendo.

MEMENTO MORI

DIA 26

"Todos morimos, lo que importa es el cómo y el cuándo".

\- **William Wallace**

Wallace un líder escocés recuerda a sus hombres que, aunque todos enfrentan la muerte, lo que define su vida es cómo se enfrentan a esa realidad y qué hacen con su tiempo.

La vida es efímera y cada día es una oportunidad única. Todos estamos destinados a llegar al final de nuestro camino, pero lo que realmente define nuestra existencia es cómo vivimos cada momento y qué legado dejamos. **El "cómo"** nos invita a vivir con propósito, valentía y autenticidad, mientras que **el "cuándo"** nos recuerda que no tenemos control sobre el tiempo, por lo que debemos aprovecharlo al máximo.

A veces nos preocupamos demasiado por el futuro o por lo que otros piensan, olvidando que lo único que realmente tenemos es el presente. Esto nos invita a actuar con coraje, a no posponer nuestras pasiones y a ser valientes ante los desafíos, como si cada día fuera una oportunidad para escribir nuestra propia historia.

Vive con intensidad, lucha por tus sueños y haz que tu vida tenga el impacto que deseas, sin temer al final, sino abrazando cada paso del viaje.

DIA 27

"Al final, solo lamentamos lo que no hemos hecho".

- **Taric**

Taric, quien es conocido por su sabiduría y su actitud positiva ante la adversidad. Es un campeón que se enfrenta a desafíos difíciles, pero mantiene una visión optimista, enseñando que la clave no está en las batallas ganadas o perdidas, sino en la actitud y las decisiones que tomamos durante el viaje.

La vida se llena de oportunidades que, a menudo, dejamos pasar por miedo, dudas o inseguridad. La verdadera lamentación no proviene de los errores cometidos, sino de las cosas no hechas, de los sueños no perseguidos y de las decisiones que no tomamos. No permitas que el arrepentimiento se apodere de tu vida. Atrévete a dar el paso, a intentar lo que parece incierto, porque al final lo que realmente importa es haber vivido sin miedo a actuar, sin temor a lo desconocido.

Debemos ser valientes al tomar decisiones, aunque no tengamos todas las respuestas. Es fundamental dejar de postergar nuestros sueños y proyectos. Actuar, incluso en incertidumbre, puede ser la diferencia entre vivir con satisfacción o con arrepentimiento.

DIA 28

"Si nadie te odia, estás haciendo algo mal".

- **Gregory House**

El mundo está lleno de opiniones y juicios, y no todos estarán de acuerdo contigo. Si siempre buscas agradar a todos, probablemente estés sacrificando tu autenticidad. El verdadero valor de la vida radica en ser fiel a ti mismo, tomar decisiones que reflejen tus valores y no temer a la crítica. Si alguna vez te enfrentas al rechazo o la desaprobación, es posible que estés en el camino correcto, porque eso significa que estás desafiando el status quo y buscando tu propia verdad.

Debemos estar dispuestos a tomar decisiones que no siempre serán populares, pero que son fieles a nuestros principios.

Esta reflexión nos invita a no temer al desacuerdo o a la crítica constructiva. Si sigues lo que realmente crees y defiendes lo que es correcto para ti, inevitablemente habrá quienes no estén de acuerdo, pero eso es una señal de que estás siendo auténtico y no simplemente siguiendo la corriente.

DIA 29

"Todas las oportunidades marcan el curso de nuestra vida, incluso las que dejamos ir".

- Benjamin Button

La vida está hecha de momentos y decisiones, y cada oportunidad, incluso aquellas que no aprovechamos, nos forma y nos guía hacia quien somos. No debemos ver las oportunidades perdidas como fracasos, sino como lecciones que nos enseñan a valorar lo que tenemos y a prepararnos para lo que está por venir.

Cada paso, incluso el que no dimos, tiene un propósito y nos acerca más a nuestra verdadera esencia. Aprovecha las oportunidades que vienen, pero también acepta las que se fueron como parte esencial de tu viaje.

En la vida, es natural que algunas oportunidades pasen de largo, pero eso no define nuestro destino. Lo que realmente importa es cómo reaccionamos ante ellas, cómo las procesamos y qué aprendemos de cada experiencia. Aplicar esto significa dejar de lamentarse por lo que no hicimos y, en cambio, aprender de esas experiencias para estar más preparados para lo siguiente.

DIA 30

"Vi la muerte en mis sueños muchas veces, pero no he muerto. Fui mejor que mis sueños, mejor que mis pesadillas. Pero para descubrirlo... tuve que enfrentarlas a todas y tuve que pasar por lo peor para probarme a mí mismo que fui el mejor".

- **William Bishop**

La vida está llena de desafíos, miedos y momentos difíciles, pero son esos momentos los que nos forjan y nos permiten crecer. Enfrentar nuestras peores pesadillas no es fácil, pero solo a través de ese coraje podemos descubrir nuestra verdadera fuerza.

No te rindas ante el miedo, porque en la lucha, te revelarás a ti mismo como más grande de lo que alguna vez imaginaste. La vida no se trata de evitar el dolor, sino de enfrentarlo con valentía, superarlo y salir más fuerte.

Enfrentar nuestros miedos y las situaciones más difíciles es clave para conocer nuestra verdadera capacidad. Esto significa que no debemos huir de los obstáculos, sino confrontarlos, porque al superarlos, descubrimos nuestras fortalezas ocultas. Necesitamos adoptar una mentalidad resiliente. En lugar de ver las dificultades como barreras, debemos verlas como oportunidades para crecer, aprender y probarnos a nosotros mismos que somos capaces de mucho más de lo que creemos.

MEMENTO MORI

DIA 31

"Podemos estudiar toda la vida, pero ser jóvenes solo por un tiempo".

-   **Charlie Eppes**

Charlie Eppes, es un matemático brillante. En esta frase, habla de la juventud como un periodo breve que no se debe dejar pasar sin aprovecharlo completamente, recordando que, aunque el conocimiento es infinito, la juventud tiene un tiempo limitado.

Es una invitación a disfrutar del viaje y a ser conscientes de que la vida es más que solo trabajo y aprendizaje.

Aprovecha ese tiempo para crecer, explorar, disfrutar, y forjar recuerdos que te acompañarán siempre. Aunque el conocimiento es valioso y nunca se termina de aprender, hay momentos y experiencias que solo se pueden vivir, como viajar, probar nuevas cosas, hacer amistades duraderas o simplemente disfrutar del presente.

La clave es no quedarnos atrapados en la idea de que "solo debemos estudiar" y olvidarnos de disfrutar y aprovechar nuestra juventud, ya que esa etapa es limitada y especial.

DIA 32

"Con cada combate te haces más fuerte".

- **James Braddock**

James J. Braddock. pasó de ser un campeón a perder todo durante la Gran Depresión, solo para luego hacer un increíble regreso en el ring, demostrando no solo su destreza como boxeador, sino también su fortaleza mental. En este contexto, "Con cada combate te haces más fuerte" resalta cómo las dificultades de la vida pueden ser superadas con perseverancia y lucha, y cómo esas experiencias nos fortalecen para el futuro.

Cada desafío en la vida es una oportunidad para crecer y aprender. Puede que las dificultades nos golpeen, pero cada vez que las enfrentamos, nos volvemos más resilientes, más sabios y más capaces de manejar lo que venga. Los combates de la vida, aunque duros, nos preparan para lo que está por venir.

Al enfrentar y superar cada desafío, estamos desarrollando habilidades, paciencia, confianza y resistencia, cualidades que nos ayudarán a enfrentar futuros problemas con mayor eficacia.

DIA 33

"No se trata de cambiar el mundo. Se trata de hacer nuestro mejor esfuerzo antes de partir de este mundo... tal y como es. Se trata de respetar la voluntad de los demás, y creer en la tuya".

-   The Boss

La vida no siempre requiere que cambiemos el mundo, sino que se trata de dar lo mejor de nosotros en el tiempo que tenemos. Es un recordatorio de que, a veces, la verdadera grandeza reside en vivir con integridad, respetar a los demás y tener la valentía de seguir nuestras propias convicciones. Lo importante es hacer nuestro esfuerzo con honestidad y respeto, sabiendo que hemos dado lo mejor de nosotros.

Esta frase nos enseña que no tenemos que cargar con la presión de transformar todo a nuestro alrededor. En lugar de intentar cambiar el mundo de manera grandiosa, lo que realmente importa es que aportemos lo mejor de nosotros mismos, respetemos las decisiones de los demás y sigamos nuestros propios principios.

En la vida, esto significa enfocarnos en ser personas de valor, hacer lo correcto en cada momento y, al final, tener la satisfacción de haber vivido con propósito y autenticidad, sin importar el reconocimiento externo.

DIA 34

"No puedes diseñar tu vida como si fuera un edificio, basta con que la vivas y se va diseñando sola".

- **Ted Mosby**

Ted, a menudo idealista y obsesionado con encontrar el "plan perfecto" para su vida, se da cuenta de que, en lugar de intentar controlarlo todo, lo mejor es simplemente vivir y dejar que las experiencias lo vayan guiando.

La vida no es un plano fijo, ni algo que puedas controlar al 100%. A veces, la belleza está en dejar que las experiencias, las decisiones y los cambios inesperados den forma a nuestro camino. No te obsesiones por tener todo planeado, porque cada paso que das va moldeando tu vida de maneras que no podrías haber imaginado.

Ted nos recuerda que no siempre podemos prever o controlar todos los aspectos de nuestra vida. Vivir de manera auténtica y abierta a las oportunidades es clave. No se trata de tener todo planeado como un arquitecto de un edificio, sino de tomar las experiencias, los éxitos, los fracasos y las lecciones que nos ofrece la vida para ir construyendo nuestro propio camino.

En lugar de obsesionarnos por crear una vida perfecta según un plan rígido, debemos ser flexibles y adaptarnos a los cambios, aprendiendo en el proceso.

DIA 35

"Alguien que conocí escribió que abandonamos nuestros sueños por miedo a poder fracasar, o peor aún, por miedo a poder triunfar".

- **William Forrester**

Forrester, con su sabiduría, nos invita a reflexionar sobre los miedos que nos paralizan. El miedo al fracaso es común, pero el miedo al éxito, al vernos alcanzando nuestras metas y luego enfrentarnos a las expectativas y responsabilidades que vienen con ello, es igualmente real.

Muchas veces, no es el fracaso lo que nos detiene, sino la inseguridad de si seremos capaces de manejar los logros que tanto deseamos. La clave para superar este miedo es reconocerlo, aceptarlo y seguir adelante, entendiendo que el crecimiento personal se encuentra tanto en los fracasos como en los éxitos. Nos detenemos por temor a no estar a la altura de nuestras propias expectativas o a lo que significaría alcanzar nuestras metas.

Pero la verdadera libertad llega cuando dejamos de temerle tanto al resultado y nos atrevemos a perseguir nuestros sueños, sin importar lo que pueda suceder.

MEMENTO MORI

DIA 36

"La esperanza es lo que nos hace fuertes. Es la razón del por qué estamos aquí. Es por lo que peleamos cuando todo lo demás está perdido".

- Pandora

La esperanza es el faro que ilumina el camino incluso en los momentos más oscuros. Cuando todo parece perdido y las fuerzas flaquean, es esa chispa de esperanza la que nos mantiene en pie y nos impulsa a seguir luchando. Nunca subestimes el poder de la esperanza; es lo que nos da la fuerza para perseverar, incluso cuando todo parece en contra.

Aunque la vida esté llena de dificultades y momentos de incertidumbre, la esperanza puede ser nuestra mayor fuente de fortaleza. No se trata de no sentir miedo o desesperación, sino de encontrar una razón, aunque sea pequeña, por la cual seguir adelante. La esperanza es el motor que nos impulsa a seguir luchando cuando las circunstancias nos dicen que es más fácil rendirse.

Esto significa enfocarnos en las pequeñas victorias, las razones por las que seguimos adelante, y recordar que no importa cuán difícil sea el camino, siempre hay algo por lo que vale la pena seguir luchando.

DIA 37

"La muerte nos da una sonrisa. Lo que podemos hacer es devolvérsela".

- **Máximo Décimo Meridio**

Máximo, nos invita a aceptar la inevitabilidad de la muerte, pero también a vivir con valentía y propósito. Enfrentarse a la muerte no significa rendirse, sino vivir cada día como si fuera el último, buscando lo que realmente importa.

Esto se traduce en no postergar nuestros sueños, relaciones o pasiones por miedo o procrastinación. En lugar de evitar lo que sabemos que es parte del ciclo natural, debemos aceptar nuestra mortalidad y, con ella, encontrar la motivación para hacer que cada momento cuente.

La muerte es inevitable para todos, pero nuestra actitud ante ella puede ser lo que nos define. En lugar de temerla, podemos vivir de manera tan plena que, al final, podamos enfrentarla con total dignidad, valentía y felicidad, sin arrepentimientos. Devolvamos esa sonrisa viviendo con coraje y disfrutando cada momento al máximo.

DIA 38

"El final no es más importante que cualquiera de los momentos que nos llevaron hasta él".

- **Dr. Rosalene**

La vida es un camino lleno de momentos que nos transforman, que nos enseñan y que nos desafían. Vivir con la mente enfocada solo en el final nos hace perder la belleza de lo que ocurre en el proceso. Cada paso, cada pequeño logro, cada desafío, es tan valioso como el objetivo final.

El final no es solo el destino, sino la suma de los momentos que vivimos para llegar a él. Si aprendemos a disfrutar de cada instante, seremos más ricos de lo que nos imaginamos, independientemente del final.

Si solo nos concentramos en lo que está por venir, es fácil caer en la frustración, la ansiedad o la desesperanza. En cambio, si comenzamos a valorar cada paso que damos, a aprender de los pequeños logros y a ser conscientes de los momentos que vivimos, podemos disfrutar el proceso y encontrar motivación incluso cuando el final no parece cercano.

Disfrutar del aprendizaje diario, de las pequeñas victorias y del crecimiento personal nos hará sentir más completos, sin importar cuándo se llegue la meta.

DIA 39

"Todos los hombres mueren, pero no todos han vivido".

-   **William Wallace**

La vida es un regalo precioso, pero vivirla plenamente es un acto consciente. No se trata solo de existir, sino de experimentar, de arriesgar, de amar y de perseguir lo que nos apasiona. Cada día es una oportunidad para dar significado a nuestra existencia. No todos los hombres mueren con la satisfacción de haber vivido con intensidad, de haber dejado una huella única en este mundo. La pregunta es: ¿Vas a ser solo uno más, o te atreverás a vivir de verdad?

¿Qué significa "vivir" de manera plena? Vivir no es simplemente pasar los días de forma mecánica, cumpliendo con nuestras obligaciones sin pensar. Vivir es abrazar cada experiencia con pasión, desafiar nuestros miedos, tomar decisiones que nos acerquen a nuestros sueños, y ser conscientes de lo que realmente importa.

Puedes comenzar por salir de tu zona de confort, explorar nuevas oportunidades y estar presente en los momentos importantes. Por ejemplo, en lugar de solo ir a trabajar, busca una manera de disfrutar lo que haces, aprende algo nuevo o conecta de forma más profunda con las personas que te rodean.

DIA 40

"No peleo para tener una ofrenda en mi tumba, sino por el desayuno de mañana".

- **Sakata Gintoki**

Gintoki Sakata, un samurái con un carácter relajado y a menudo irónico, hace frente a la vida de manera pragmática.

Sus pensamientos reflejan que la vida no siempre se trata de buscar la gloria eterna o la admiración de los demás. A veces, lo más importante es enfrentar cada día con determinación y centrarse en lo que realmente importa: las pequeñas batallas cotidianas.

Cada día es una oportunidad para dar lo mejor de nosotros, sin preocuparnos tanto por lo que vendrá, sino por lo que podemos hacer hoy.

Si, te enfrentas a dificultades en el trabajo o en tu vida personal, no te detengas a pensar solo en los grandes logros que aún no has alcanzado, sino enfócate en hacer lo que puedes para mejorar tu situación hoy, en el presente.

MEMENTO MORI

DIA 41

"Cuando un hombre se enfrenta a la muerte, lo imposible no es más que un pequeño obstáculo".

- **El Príncipe**

Cuando nos enfrentamos a lo que tememos, nos damos cuenta de que muchos de nuestros miedos y límites son solo ilusiones.

La vida, con todos sus desafíos, parece mucho más manejable cuando entendemos que la muerte, la mayor de las adversidades, es la única certeza. El miedo se disuelve cuando miramos de frente lo que no podemos controlar y comenzamos a actuar con valentía. A partir de ahí, los obstáculos que parecen enormes en el día a día se vuelven más pequeños y manejables.

Cuando te enfrentas a dificultades, ya sean en el trabajo, en las relaciones o con tus propios miedos internos, pregúntate: "¿Es esto más grande que mi miedo a la muerte?" La respuesta generalmente será no. Saber que lo peor que puede pasar es algo que eventualmente enfrentaremos de todos modos, nos da la fuerza para actuar.

Este enfoque puede ayudarte a tomar decisiones difíciles, como cambiar de carrera, hablar con alguien importante, o simplemente dar el paso hacia un nuevo reto, sin paralizarte por el temor.

DIA 42

"Podrán quitarnos la vida, pero nunca podrán arrebatarnos la libertad".

- **William Wallace**

Aunque nos puedan arrebatar lo material, lo físico o incluso la vida, hay algo que siempre estará en nuestro interior: nuestra capacidad de elegir cómo vivimos y lo que creemos.

La libertad no se mide por lo que poseemos, sino por lo que somos capaces de mantener en nuestro espíritu, sin que nadie pueda quitárnoslo. Luchar por ella es un acto de valentía, pero también de autenticidad.

Las situaciones pueden ser difíciles o incluso injustas, pero siempre tenemos el poder de elegir nuestra actitud frente a ellas. Puedes enfrentar momentos de adversidad con la certeza de que tu actitud y tus principios son lo que realmente definen tu libertad. Si enfrentas una situación laboral opresiva, puedes sentirte atrapado físicamente, pero nunca puedes perder la libertad de decidir cómo reaccionas, de mantener tu integridad y seguir tus propios valores.

La clave está en nunca perder de vista lo que te hace libre por dentro.

DIA 43

"Si no tienes recuerdos felices, nunca es tarde para comenzar a construirlos".

- **Dr. Tenma**

Dr. Tenma, es un neurocirujano que lucha con las consecuencias de sus decisiones y el impacto de su trabajo en su vida. Esta frase refleja un punto de inflexión en su vida: la idea de que, aunque no podamos cambiar lo que ocurrió en el pasado, siempre podemos empezar a construir algo nuevo y positivo para el futuro.

La frase es un recordatorio de que no debemos quedar atrapados en el dolor del pasado, sino que podemos crear nuevos caminos para la felicidad, no importa cuándo empecemos.

No importa cuántos días oscuros hayamos vivido, siempre existe la posibilidad de crear momentos de alegría y felicidad. Los recuerdos no están determinados solo por lo que hemos vivido, sino también por lo que decidimos construir hoy. Nunca es tarde para empezar a sembrar momentos que nos llenen de luz y gratitud.

La felicidad no es un destino, sino un proceso que podemos empezar a cultivar en cualquier momento.

DIA 44

"Algunos árboles florecen, otros mueren. Algunos ganados crecen fuertes, otros son tomados por lobos. Algunos hombres nacen siendo lo suficientemente ricos y tontos para disfrutar sus vidas. Nada es justo".

- **John Marston**

Marston es un hombre que busca redención en un entorno violento y cruel. Esta frase refleja que las cosas no siempre salen como se desean, y la vida parece ser una serie de pruebas constantes. Debemos aprender a aceptar que la vida no es justa y que, aunque algunos parecen tener más suerte que otros, lo único que realmente podemos controlar es cómo nos enfrentamos a lo que nos sucede.

Algunos enfrentan dificultades, mientras que otros parecen tener todo a su favor. Sin embargo, lo que realmente importa no es si las circunstancias son justas, sino cómo elegimos enfrentarlas. La verdadera fuerza reside en cómo respondemos a los desafíos, en cómo crecemos y nos adaptamos a las adversidades.

Cada ser, cada árbol, cada hombre tiene su propio camino, pero todos tenemos la capacidad de encontrar belleza y propósito, incluso cuando las cosas no salen como esperamos.

DIA 45

"Todos esos momentos se perderán en el tiempo como lágrimas en la lluvia".

- **Roy Batty**

Esta línea refleja el entendimiento de Batty sobre la fugacidad de la vida y cómo, a pesar de todo lo que ha vivido, esos momentos finalmente se desvanecerán. La frase nos invita a reflexionar sobre el valor del tiempo y cómo cada momento que tenemos, aunque fugaz, es una oportunidad para dar sentido a nuestra existencia.

La vida es efímera y cada momento que vivimos, aunque valioso, también es fugaz. A veces, nos aferramos al pasado o nos preocupamos demasiado por lo que aún no ha llegado, pero lo que realmente importa es vivir plenamente cada instante.

Al final, los momentos pasados se desvanecerán, como las lágrimas en la lluvia, pero lo que hagamos ahora, con la conciencia de su fragilidad, tiene el poder de darnos significado y propósito.

Si te sientes atrapado en el estrés o la rutina, recuerda que cada momento es único y valioso, y que la forma en que lo vives hoy será lo que quedará en tu memoria.

Aprovechemos el presente, pues es lo único que realmente podemos poseer.

MEMENTO MORI

DIA 46

"Hoy es un gran día para morir".

- **Capitán Barbosa**

"Hoy es un gran día para morir" puede sonar sombrío a primera vista, pero en realidad, es una invitación a vivir sin miedo a la muerte. A veces, es necesario recordar que el tiempo es limitado para valorar lo que tenemos ahora, y para dejar ir lo que ya no sirve.

Esta frase no solo se refiere a la muerte física, también a lo que nos limita, a las dudas y temores que nos impiden ser quienes realmente somos. Es un recordatorio de que cada día es una oportunidad para renovarnos, para abrazar la vida con valentía y decisión, sin esperar a que el momento perfecto llegue.

La vida es incierta y nuestras oportunidades también lo son, hoy estamos y mañana puede ser que no.

Esta es una llamada a tomar decisiones importantes y a cerrar ciclos que ya no aportan valor. Si vives cada día como si fuera el último, sin miedo, sin arrepentimientos, se convierte en un recordatorio poderoso para aprovechar cada instante.

DIA 47

"El dolor desaparece con el tiempo. Pero no deseo ser curado por el tiempo, porque cuando huyes del dolor, con el anhelo de olvidar, lo único que logras es quedarte atascado. Te vuelves incapaz de seguir adelante".

- **Ciel Phantomhive**

A través de estas palabras, Ciel refleja una verdad que no muchos comparten: el dolor no desaparece simplemente con el paso del tiempo; al contrario, el evitarlo solo nos impide avanzar.

Esta es una declaración sobre cómo las personas pueden quedar atrapadas en su sufrimiento si no lo enfrentan y lo superan de manera activa, buscando sanar no solo con el tiempo, sino con el entendimiento y el crecimiento.

El tiempo por sí solo no sana nuestras heridas. A veces, el dolor se queda dentro de nosotros porque huimos de él, tratamos de ignorarlo o deseamos que desaparezca sin enfrentarlo. Sin embargo, al evitarlo, nos quedamos atrapados en el pasado, en lo que nos lastimó. La verdadera sanación no llega con el paso del tiempo, sino con la valentía de enfrentar el dolor, de procesarlo y aprender de él. Solo entonces podremos seguir adelante con mayor fortaleza.

DIA 48

"Fue el destino quien me trajo aquí, pero soy yo, quien trazó mi propio camino".

- **John Marston**

A lo largo de su historia, Marston se enfrenta a su pasado, marcado por decisiones tomadas bajo circunstancias difíciles. A pesar de las fuerzas externas que lo arrastran, él es consciente de que, al final, es su responsabilidad elegir qué hacer con su vida y cómo tratar de encontrar su propio camino.

Sus palabras nos recuerdan que, aunque a veces las circunstancias de la vida nos llevan por ciertos caminos, siempre tenemos el poder de tomar las riendas y decidir cómo avanzar.

El destino puede influir en nuestra dirección, pero somos nosotros quienes elegimos cómo reaccionar y qué hacer con las oportunidades y desafíos que nos presenta la vida.

La verdadera fuerza está en nuestra capacidad de tomar decisiones y ser los arquitectos de nuestro propio futuro.

DIA 49

"Esta noche cenaremos en el infierno".

- **Rey Leónidas**

Leónidas y sus 300 guerreros espartanos se preparan para enfrentar al vasto ejército persa en una batalla casi imposible. La frase simboliza la aceptación de la batalla que está por venir, aunque esté llena de sacrificios y sufrimiento. Para Leónidas, la verdadera victoria no radica en la supervivencia, sino en la valentía y el honor con que se enfrenta al destino. Al decir "cenaremos en el infierno", Leónidas y sus guerreros están mostrando su disposición a enfrentarse a la muerte con dignidad, sin miedo, en busca de un propósito más grande que la simple existencia.

Es una frase que refleja valentía, determinación y coraje frente a la adversidad. En lugar de huir del miedo o de los desafíos, Leónidas se enfrenta a ellos con la convicción de que, incluso en los momentos más oscuros, hay un propósito y una fuerza interna que nos lleva a la acción.

Esta reflexión no habla de rendirse ante el sufrimiento, sino de abrazar la lucha con la mentalidad de que, incluso en la derrota, se puede encontrar honor y propósito. La verdadera fortaleza está en elegir enfrentarse a lo imposible, sin importar lo que venga.

DIA 50

"Las personas miserables necesitan que existan personas más miserables que ellas para sentirse felices".

- **Lucy**

A través de esta frase, Lucy refleja una de las oscuras realidades de la naturaleza humana: cuando estamos heridos emocionalmente, a veces buscamos consuelo en la caída de otros, en lugar de trabajar en nuestro propio bienestar.

Esta es una reflexión sobre cómo el sufrimiento puede distorsionar la percepción de la felicidad. En lugar de encontrar consuelo o fortaleza en su propio bienestar, algunas personas buscan disminuir a otros para sentirse mejor consigo mismas. Sin embargo, la verdadera felicidad no viene de comparar nuestras desgracias con las de los demás, sino de aprender a encontrar la paz y la gratitud en nuestro propio camino.

La autenticidad y la empatía nos permiten crecer y encontrar una alegría genuina que no depende de la miseria ajena. Si vas a ver los problemas de los demás que sea solo para motivarte, para salir adelante y no para alegrarte por su desgracia.

MEMENTO MORI

DIA 51

"Habrá días en los que nada tenga sentido, en los que todo pese el doble y el camino se vuelva gris. Pero no olvidemos que seguir adelante no siempre es tomar grandes decisiones o hacer cosas extraordinarias. A veces, es solo poner un pie frente al otro, un día más".

- **Pensador anónimo**

En los días más oscuros, cuando todo parece complicado y el mundo parece perder su color, recuerda que no siempre tienes que hacer algo grandioso. A veces, el simple hecho de seguir adelante, aunque solo sea un paso a la vez, es suficiente. Ese pequeño paso, repetido cada día, puede ser lo que te lleva a superar los momentos difíciles y a encontrar de nuevo la luz.

En lugar de concentrarnos en hacer todo perfecto o resolver todo de una vez, la clave está en avanzar poco a poco. No te preocupes si no tienes toda la solución hoy; solo da un paso más, incluso si es pequeño. Ese esfuerzo diario, por más insignificante que parezca, te llevará a tu objetivo. La constancia y la paciencia son más poderosas de lo que pensamos.

DIA 52

"Porque, aunque el justo caiga siete veces, volverá a levantarse".

- **Rey Salomón (Proverbios 24:16)**

La vida no se mide por cuántas veces caemos, sino por cuántas veces nos levantamos. Cada tropiezo es una oportunidad para aprender, fortalecernos y seguir adelante con más determinación.

A menudo, nos podemos sentir derrotados cuando fracasamos o cuando las cosas no salen como esperábamos. Sin embargo, este texto nos recuerda que el fracaso no define nuestro destino. Lo importante es nuestra capacidad de recuperarnos.

Si caes, no te castigues. Reconoce el aprendizaje que trae consigo cada caída, y luego, con firmeza, vuelve a levantarte. Cada vez que lo hagas, estarás más cerca de tu objetivo y, más importante aún, más cerca de ser la persona que quieres llegar a ser.

La verdadera fuerza no está en evitar la caída, sino en tener el coraje de levantarse una vez más, cada vez que la vida nos desafía.

DIA 53

"No toda batalla vale la pena. Ganar no siempre significa vencer al otro; a veces, la verdadera victoria es elegir no pelear".

- Pensador anónimo

No todas las palabras merecen una réplica, no todas las heridas requieren venganza, no todos los ataques merecen respuesta. Hay algo más valioso que tener razón: tener tranquilidad.

A veces, la verdadera fortaleza no está en luchar por cada cosa que nos provoca, sino en saber cuándo es mejor callar, soltar y seguir adelante en paz.

No todas las batallas merecen nuestra energía, y no siempre ganar significa tener la última palabra. La serenidad es una victoria silenciosa que nos permite vivir con claridad y equilibrio, en lugar de quedar atrapados en la constante lucha del ego.

Cuando enfrentes un conflicto, pregúntate: "¿Vale la pena mi energía en esta pelea?" Si la respuesta es no, entonces elige la paz y avanza sin quedarte atrapado en la necesidad de ganar siempre.

La verdadera victoria está en vivir en armonía contigo mismo.

DIA 54

"La mente humana no está preparada para despertar sabiendo que ese será su último día de vida, pero para mí eso es un lujo, no una maldición. Saber que llega el fin es una liberación".

-   **Soldado**

A través de la experiencia de este soldado, se refleja cómo el conocimiento del fin puede cambiar nuestra visión sobre el miedo y la vida misma. En lugar de temerle a la muerte, se ve como una liberación que permite a la persona vivir sin ataduras, tomando decisiones más valientes y significativas.

La vida es fugaz y, aunque la idea de que el fin es inminente pueda parecer aterradora, también puede ser una llamada a aprovechar al máximo cada día. Saber que el fin está cerca no es necesariamente una maldición, sino una oportunidad para liberarnos del miedo y vivir con propósito, apreciando cada momento como un regalo.

Cuando entendemos que el tiempo es limitado, nos enfocamos en lo que realmente importa. Si nuestra mente estuviera más consciente de la brecha entre lo que tenemos y lo que podríamos perder, tal vez viviríamos con mayor gratitud.

DIA 55

"Hay dos clases de personas, los que sonríen porque son felices y los que sonríen para hacer ver a los demás que son felices".

- **Sawada Tsunayoshi**

La verdadera felicidad no se mide por las apariencias, sino por lo que sentimos en nuestro interior. La clave está en ser honestos con nosotros mismos y con los demás, buscando una felicidad genuina que no dependa de las expectativas externas.

Es importante hacer una introspección constante sobre lo que realmente sentimos. Si solo estamos sonriendo para cumplir con lo que otros esperan de nosotros, estamos perdiendo la oportunidad de conectar con nuestra verdadera esencia y felicidad.

Cuando estamos verdaderamente felices, nuestra sonrisa es natural y refleja un bienestar interior. Pero si no lo estamos, es importante aceptar y reconocer nuestras emociones, buscando el apoyo necesario para encontrar la paz que necesitamos. Al ser más honestos con nosotros mismos, podemos crear una vida más plena y más conectada con lo que realmente somos.

MEMENTO MORI

DIA 56

"Para cualquiera que se encuentre entre los vivos hay esperanza, pues más vale un perro vivo que un león muerto".

- **Rey Salomón (Eclesiastés 9:4)**

Este texto nos recuerda que, mientras haya vida, hay oportunidades. No importa cuán difícil sea tu situación actual, el simple hecho de estar vivo significa que tienes la posibilidad de cambiar, crecer y alcanzar tus metas.

Aunque te sientas pequeño o insignificante... es mejor estar vivo y luchar que haber renunciado o haber perdido la oportunidad de intentarlo. Si estás pasando por un momento difícil, recuerda que, mientras estés vivo, siempre hay una posibilidad de mejorar. No te rindas, porque la vida misma es una oportunidad para cambiar tu historia.

La vida es un regalo, y con ella viene la esperanza de un mañana mejor. No importa cuán difícil sea tu situación actual, <u>mientras respires, hay esperanza. Aprovecha cada día, valora tu vida y lucha por tus sueños</u>, porque estar vivo es la mayor oportunidad que tienes. ¡No la desperdicies!

DIA 57

"La vida es un ir y venir constante de encuentros y despedidas. Seres y objetos entran en nuestra vida y después se van. Somos efímeros, aquí hoy y ausentes mañana".

- **Pensador anónimo**

La frase de hoy nos invita a reflexionar sobre la naturaleza transitoria de la vida y las relaciones. La vida está llena de cambios, y las personas y situaciones van y vienen. Aprende a soltar lo que ya no está destinado a quedarse en tu vida. Esto no significa olvidar, sino aceptar que algunas cosas tienen un ciclo y que su partida puede dar paso a algo nuevo. Aunque las personas y las circunstancias cambien, el amor es una fuerza constante que puede transformarse y renacer de nuevas maneras.

Cuando pierdes un amor o una relación importante, permite que el dolor te enseñe. Reflexiona sobre lo que aprendiste de esa experiencia y cómo puedes usar esa sabiduría para crecer emocionalmente. Aunque el dolor de una despedida pueda hacerte querer cerrarte, recuerda que el amor puede manifestarse de muchas formas. Permítete recibir amor de otras personas, de ti mismo o incluso de nuevas experiencias.

Aprovecha cada momento con las personas que amas.

DIA 58

*"La puerta del mañana no es la luz del cielo,
sino la oscuridad profunda de la Tierra".*

- **Vicent Valentine**

El futuro no siempre se presenta como un camino claro y lleno de luz. A menudo, es incierto, desafiante y nos obliga a caminar a través de la oscuridad. Sin embargo, es precisamente en esos momentos de oscuridad donde se encuentran las mayores oportunidades para crecer, aprender y descubrir nuestra verdadera fortaleza.

La vida rara vez se presenta de manera sencilla; a menudo tenemos que enfrentarnos a situaciones complejas y desafiantes que no vemos venir. Pero es importante recordar que la oscuridad no es algo negativo, sino una oportunidad para explorar nuevos caminos, aprender de las dificultades y descubrir nuestra capacidad para adaptarnos. Vicent nos invita a tener coraje en medio de la incertidumbre y a confiar en nuestra capacidad de avanzar incluso cuando no vemos con claridad el camino por delante.

La clave está en no temer a la oscuridad, sino en tener la valentía de avanzar sin saber con certeza qué nos depara el mañana. Cada paso hacia lo desconocido es una posibilidad para forjar nuestro propio destino.

DIA 59

"Puedes morir en cualquier momento, pero para vivir se necesita mucho coraje".

-   Kenshin Himura

La frase del samurái Kenshin Himura, nos invita a reflexionar sobre el verdadero valor de la vida. Morir puede ser algo pasivo, algo que simplemente ocurre, pero vivir plenamente requiere mucho esfuerzo, gran valentía y determinación.

La vida no es solo existir, sino enfrentar desafíos, superar miedos y encontrar significado en cada día. Esta frase nos recuerda que, aunque la vida pueda ser difícil, es precisamente esa dificultad la que la hace valiosa y digna de ser vivida con coraje.

La vida es frágil y puede cambiar en un instante. Practica la gratitud y valora cada momento, incluso los difíciles, porque son parte de tu crecimiento.

El coraje no significa no sentir dolor o miedo, sino seguir adelante a pesar de ellos. Cuando te enfrentes a situaciones difíciles, recuerda que tienes la fuerza para superarlas.

DIA 60

"Cuando ellos claman, el Señor los escucha y los libra de todas sus angustias. El Señor está cerca del que sufre y salva a los que están abatidos. El justo padece muchos males, pero el Señor lo libra de ellos".

- **Rey David (Salmo 33: 18-20)**

Este pasaje bíblico habla de cómo, en los momentos de angustia y dolor, cuando sentimos que todo se derrumba, hay una fuerza que nos acompaña, que es nuestra fe en Dios. Para aquellos que no siguen una religión o no creen en Dios, la idea central de este texto puede ser entendida como una metáfora de la resiliencia humana y el apoyo que podemos recibir de nuestras relaciones o incluso de nuestra propia fortaleza interior.

El texto invita a reconocer que, aunque la vida puede ser difícil y llena de pruebas, siempre hay un recurso al que podemos acceder para liberarnos de la desesperación: nuestra capacidad de resiliencia, la ayuda de los demás, nuestra fe y esperanza en algo más grande y la creencia de que podemos superar las adversidades con ayuda.

La vida puede ser dura, llena de dificultades y momentos de desesperación. Sin embargo, siempre existe una esperanza: no estamos solos. Aunque la lucha parezca interminable, es en los momentos de mayor sufrimiento donde encontramos el mayor poder para superar nuestros obstáculos.

DIA 61

"En los momentos más oscuros es cuando más necesitamos recordar que la vida siempre nos da una nueva oportunidad al amanecer".

- **Pensador anónimo**

La vida, a veces, puede sentirse como una pesada carga, como si cada paso fuera más difícil que el anterior. Pero recuerda, dentro de ti hay una fuerza que te ha permitido llegar hasta aquí. Hablar con alguien de confianza, aunque sea difícil, puede aliviar la carga. Reconocer lo que sientes es valiente, no te juzgues por estar triste o frustrado.

Cuida tu cuerpo: comer bien, descansar y moverte te ayudará a sentirte mejor. No te apresures, toma las cosas un día a la vez. Celebra cada pequeño logro, porque cada paso te acerca a tu superación. Y si en algún momento sientes que no puedes más, buscar ayuda profesional no es una debilidad, es un acto de valentía.

Recuerda que la depresión no define quién eres. Es solo una parte del viaje, no tu destino final. La lucha no es fácil, pero cada día que sigues adelante, demuestras tu fuerza y resiliencia.

Tú tienes el poder de seguir adelante.

DIA 62

"Las deudas y los fracasos son solo capítulos en tu historia, no el final de ella. Este es solo un reto temporal, y tienes la fuerza para superarlo".

- **Pensador anónimo**

Lo que estás viviendo ahora es un capítulo difícil, pero no es el final de tu historia. La vida es un viaje que a veces te pone a prueba para que encuentres nuevas fuerzas dentro de ti. El miedo de no poder salir adelante es natural, pero no permitas que te paralice. En lugar de enfocarte en todo lo que no tienes, piensa en lo que sí puedes hacer hoy, por pequeño que sea ese paso. A veces, lo más importante no es el resultado inmediato, sino la persistencia y la actitud con la que enfrentas cada día.

Aunque ahora te parezca que el futuro es incierto, nunca subestimes el poder de dar un paso a la vez. Cada día trae consigo nuevas oportunidades, aunque no siempre sean visibles al principio. La ansiedad solo crece cuando te dejas consumir por lo que aún no ha sucedido. Respira, toma un respiro y sigue adelante con lo que está a tu alcance. No estás solo en esta lucha, y aunque el camino sea difícil, tienes la fuerza para caminarlo.

Y aunque el miedo te diga que todo está perdido, dentro de ti hay más poder del que imaginas para superar lo que parece insuperable. Mantén la esperanza, porque a veces las soluciones llegan cuando menos las esperas.

DIA 63

"El dolor de la pérdida es profundo, pero el amor que compartieron nunca desaparece. Aunque no los veas, su recuerdo y lo que te enseñaron viven en ti".

- **Pensador anónimo**

La pérdida duele profundamente, y es completamente normal sentir que el mundo se detiene, pero recuerda algo muy importante: tu ser querido no querría verte estancado en el dolor.

Ellos vivieron para verte crecer, para que sigas adelante, para que honres su memoria con cada paso que tomes. El amor que compartieron nunca se apaga; al contrario, se transforma en fuerza.

Cada día que te esfuerzas por cumplir tus objetivos, cada esfuerzo que haces por seguir adelante, es una manera de mantener su legado vivo. Ellos están en ti, en lo que aprendiste de ellos, en las lecciones que te dejaron.

No dejes que el dolor te frene; usa ese amor como motor para avanzar, para ser la mejor versión de ti, porque eso es lo que ellos querrían ver: que sigues adelante, que no te rindes y que honras su memoria viviendo con propósito.

DIA 64

"La enfermedad puede debilitar el cuerpo, pero no puede tocar tu espíritu. Tu fuerza interior es más grande de lo que imaginas, y esa es la verdadera batalla que estás ganando".

- **Pensador anónimo**

La enfermedad puede hacer que tu cuerpo se sienta frágil, pero no puede tocar lo más fuerte de ti: tu espíritu. Recuerda que dentro de ti hay una fuerza que es más grande de lo que crees, una fuerza que muchos han demostrado tener en momentos mucho más oscuros.

Piensa en hombres como Lance Armstrong, quien superó un cáncer avanzado para convertirse en campeón de ciclismo, o en niños como Alex, un pequeño que luchó contra la leucemia y hoy sonríe al mirar atrás, sabiendo que venció lo impensable. Ellos no se rindieron, porque entendieron que cada día es una nueva oportunidad para demostrar que la vida siempre puede sorprendernos, incluso cuando parece más difícil que nunca.

Mantén la fe, porque, aunque el camino se vea oscuro, recuerda que siempre hay luz al final del túnel. Esta batalla que estás librando, más que física, es una prueba de la fuerza interior que tienes, y esa es la que te llevará a superar cualquier obstáculo. No estás solo en este viaje; tu coraje inspira a otros, y al final, tu historia será una de superación que dará esperanza a quienes también luchan.

DIA 65

"Es fácil caer en la desesperación, pero si miras al mundo, verás que hay personas que sobreviven a tragedias mucho mayores, como niños que han perdido todo en una guerra. Tu lucha, aunque difícil, tiene un propósito, y el solo hecho de estar aquí demuestra tu fortaleza".

- **Pensador anónimo**

La presión de las deudas, la pérdida de un trabajo, o la sensación de estar atrapado pueden nublarnos la mente. Pero si miramos alrededor, veremos que hay personas atravesando pruebas mucho más duras. Hay niños en países devastados por la guerra que han perdido a sus padres y hermanos, y ahora enfrentan un futuro incierto, a menudo viviendo solos y luchando por sobrevivir. Hay personas en prisión, acusadas injustamente, que aún mantienen la esperanza. Y hay aquellos en lecho de muerte, con enfermedades terminales, que darían cualquier cosa por tener tan solo un día más de salud.

Cuando vemos esas realidades, nuestra perspectiva cambia. Tener salud es un regalo invaluable, una bendición que muchas veces damos por sentada. Cada día que estamos aquí, con la oportunidad de levantarnos y seguir adelante, es una oportunidad de ser agradecidos, de reconocer que, aunque nuestras luchas son importantes, hay muchas más batallas en el mundo que nos muestran la magnitud de lo que realmente significa ser afortunado. El solo hecho de estar aquí, con vida y salud, es un recordatorio de lo afortunado que eres.

MEMENTO MORI

DIA 66

"El amor propio es la clave para la verdadera felicidad. El final de una relación es solo el comienzo de un viaje hacia tu mejor versión. No te quedes mirando lo que perdiste. Mira hacia el futuro, donde nuevas oportunidades y experiencias esperan por ti".

- **Pensador anónimo**

El amor propio no solo es la base de nuestra autoestima, sino también la llave para nuestra paz interior y felicidad.

El final de una relación puede ser doloroso, pero es también el punto de partida para una nueva etapa en la que tú eres el protagonista. Al enfocarte en ti mismo, en tu crecimiento y en tu bienestar, descubres que el verdadero amor empieza con el respeto y cuidado que te das.

Cada final trae consigo la oportunidad de reinventarte y avanzar hacia una versión más fuerte y plena de ti mismo.

Dedica tiempo para ti mismo. Practica actividades que te hagan sentir bien, ya sea hacer ejercicio, leer, viajar o meditar. Estos momentos de autocuidado te ayudarán a reconectar con tu esencia.

DIA 67

"No midas tu éxito por tus caídas, sino por tu determinación para levantarte y seguir luchando".

- Pensador anónimo

Cada vez que enfrentas una pérdida o un fracaso, en realidad estás invirtiendo en tu crecimiento.

Las caídas no definen tu destino; lo que importa es cómo te levantas. Los grandes empresarios no son aquellos que nunca fallan, sino aquellos que aprenden de sus errores y siguen avanzando con más sabiduría.

El dinero y los recursos materiales pueden recuperarse, pero la experiencia y las lecciones que adquieres en el camino son las que realmente te preparan para el éxito.

No dejes que el miedo te detenga, cada paso hacia adelante, incluso después de una caída, te acerca más a la victoria. Entiende que el fracaso es natural en cualquier camino hacia el éxito. Nadie lo logra todo a la primera.

Tómate el tiempo para aceptar el dolor de la pérdida, pero no te quedes atrapado en él. Los grandes emprendedores no se rinden; aprenden, se adaptan y siguen adelante con más confianza. Encuentra el valor en tus fracasos, haz ajustes y sigue adelante con renovada determinación.

DIA 68

"El miedo al futuro solo roba tu paz.
Actúa con determinación en el presente
y verás que todo se resuelve".

- **Pensador anónimo**

La vida siempre nos presenta incertidumbre y desafíos, pero lo más importante es aprender a diferenciar lo que está fuera de nuestro control de lo que sí podemos cambiar.

La preocupación por lo que podría suceder solo nos aleja de la acción. La verdadera paz y progreso vienen cuando decidimos actuar con claridad en el presente, tomando pasos concretos hacia la solución.

Los problemas, por difíciles que sean, no se resuelven con angustia ni temor, sino con calma, estrategia y paciencia. Enfrenta cada situación con serenidad y enfoque, y verás cómo las cosas empiezan a tomar forma.

Comienza por reconocer que hay situaciones que simplemente no puedes cambiar. Enfócate en lo que puedes hacer ahora. ¿Qué acción puedes tomar hoy para mejorar las cosas, aunque sea de manera pequeña? La clave está en no dejarte consumir por el miedo a lo desconocido, sino en actuar con determinación.

DIA 69

"Tu viaje no es el de los demás. El éxito llega en su propio tiempo, no cuando otros lo esperan".

- **Pensador anónimo**

La comparación constante con los demás solo nubla tu camino hacia el éxito personal. Cada quien sigue su propio ritmo, y lo que para otro puede ser un logro, para ti puede llegar en otro momento, de otra forma.

La verdadera clave está en centrarse en tu propio progreso, celebrar cada paso hacia adelante, por pequeño que sea, y confiar en que tu camino es único.

No te detengas mirando lo que otros han alcanzado; en lugar de eso, mira cuán lejos has llegado tú y hacia dónde vas.

El éxito no es una carrera, sino un viaje personal.

Cada vez que sientas la tentación de compararte con los demás, recuerda que tú tienes un camino distinto, con tiempos y retos diferentes. Enfócate en lo que puedes hacer hoy para avanzar, no en lo que otros están logrando. Establece tus propias metas y celebra cada paso que das hacia ellas, sin importar la velocidad de los demás. Tu progreso es válido, y tu momento llegará a su debido tiempo.

DIA 70

"La claridad llega cuando empiezas a caminar. No tienes que tener todas las respuestas ahora. Lo importante es no dejar de buscar, de crecer y de avanzar".

- **Pensador anónimo**

La vida no siempre tiene respuestas claras desde el principio, y está bien no saber todo lo que quieres en este momento. La claridad llega cuando comienzas a caminar, cuando tomas acción, incluso sin tener el mapa completo.

Si sientes que estás perdido, recuerda que cada paso que das te acerca un poco más a lo que realmente buscas. El hecho de que no tengas trabajo, pareja o el apoyo que deseas no significa que estés destinado al fracaso; significa que aún estás en el proceso de encontrar tu verdadero camino.

Para los jóvenes que se sienten atrapados, es importante entender que el progreso no siempre se mide por lo que los demás piensan o por lo que la sociedad espera. Tu vida es tuya y, aunque tus padres o familiares no te comprendan, lo más importante es no rendirse. Cada día es una oportunidad para crecer, para avanzar, y lo que hoy parece incierto, con el tiempo se convertirá en la base de tus logros. No te desesperes si no tienes todo resuelto; lo importante es seguir buscando, creciendo y tomando decisiones, porque al final, el camino se irá despejando. Lo esencial es que no te detengas.

MEMENTO MORI

DIA 71

"Desearía estar sano, solo para que mis papás no lloren más. Ellos no merecen verme aquí, entre sábanas frías, luchando por respirar. Yo solo quiero correr como los demás niños, sentir el viento en mi cara, jugar con mis amigos en el parque. Quiero ver el cielo sin tantas medicinas y tubos, quiero escuchar la risa de mi mamá sin que ella se preocupe tanto".

- **Mateo Hernández**

A veces, no entendemos lo que realmente importa. La gente camina tan rápido por la vida que ni siquiera se da cuenta de lo hermoso que es un atardecer, el sonido de la lluvia o el simple vuelo de una mariposa. Mateo reflexiona: "Yo quisiera sentir todo eso, pero estoy aquí, atrapado en una cama, deseando lo que muchos ya tienen". ¿Estamos valorando lo que tenemos? ¿Estamos disfrutando de los momentos que pasan tan rápido, como el aroma de una flor o el canto de un pájaro?

No hay nada más importante que la salud, no hay nada más hermoso que un día sin hospitales ni máquinas. La felicidad está en esos detalles que dejamos ir mientras nos preocupamos por cosas que no son tan importantes. Hoy, les pido que tomen un momento, miren el mundo a su alrededor y valoren lo que tienen. Este niño, luchando con su vida, nos recuerda que a veces damos por sentadas las cosas más simples, las que realmente definen nuestra felicidad. En su lucha, él nos enseña a valorar lo que a menudo ignoramos.

DIA 72

"Hay veces que un hombre tiene que luchar tanto por la vida que no tiene tiempo de vivirla".

- **Charles Bukowski**

En muchas ocasiones la vida nos pone en situaciones tan difíciles que nos absorbemos tanto en la lucha por sobrevivir, que nos olvidamos de vivir plenamente. Pero, precisamente en esos momentos de lucha, debemos recordar que la verdadera vida no está solo en la batalla, sino en los pequeños instantes de calma, en los logros y en aprender a disfrutar del camino, no solo del destino. Es importante hacer una pausa y valorar lo que tenemos mientras seguimos adelante. La vida no se trata solo de resistir, sino de saber también cómo vivir.

Charles Bukowski nos invita a reflexionar sobre nuestra vida y si en verdad estamos tan ocupados con nuestras preocupaciones y obligaciones que olvidamos encontrar momentos de alegría y paz.

Necesitamos aprender a encontrar un equilibrio. Si bien es necesario luchar por nuestras metas y superar obstáculos, también es esencial detenernos de vez en cuando, respirar y disfrutar de las pequeñas cosas que nos hacen felices: una conversación con un ser querido, un paseo por el parque con nuestra mascota, o incluso una sonrisa.

DIA 73

"Si algo va pasar, va pasar".

- Edward A. Murphy Jr.

La "Ley de Phurpy" es una regla no oficial que resume la inevitabilidad de los eventos. A menudo utilizada para aceptar la imprevisibilidad de la vida, nos invita a ser menos rígidos y más abiertos a lo que la vida tiene para ofrecernos.

En esencia, es un recordatorio de que, aunque nuestra mente quiera anticiparse a los eventos, el flujo de la vida sigue su curso. Esta ley resalta la importancia de la aceptación y la serenidad ante lo que está por venir.

A veces nos aferramos a la incertidumbre y el miedo de lo que podría suceder, pero la Ley de Phurpy nos recuerda que, si algo está destinado a suceder, lo hará, sin importar cuánto lo temamos.

Esta verdad nos invita a confiar en el flujo natural de la vida y a tener la paz de que, a pesar de lo que pueda venir, todo tiene un propósito.

Lo que está destinado a ocurrir, ocurrirá, y lo que no, simplemente no.

DIA 74

"Si sabes lo que vales, ve y consigue lo que mereces".

- **Rocky Balboa**

Rocky le transmite esta idea a su hijo: que no importa cuántos golpes la vida nos dé, lo esencial es saber lo que valemos y salir a luchar por lo que merecemos.

La vida está llena de desafíos, pero lo más importante es conocer nuestro propio valor. Cuando creemos en nosotros mismos y sabemos de lo que somos capaces, no hay barrera que nos detenga.

Esta frase de Rocky Balboa nos recuerda que el primer paso para lograr nuestras metas es tener claro lo que valemos. Si tienes esa certeza, el siguiente paso es ir con determinación por lo que te pertenece. Es importante no solo reconocer nuestro valor, sino también estar dispuestos a trabajar por lo que queremos, sin dejar que el miedo o las dudas nos paralicen.

No esperes que las oportunidades lleguen a ti, ve y conquista tus metas.

DIA 75

"Tengo dudas. Tengo inseguridad. Tengo miedo al fracaso. Tengo noches en las que me presento en la arena y pienso, me duele la espalda, me duelen los pies, me duelen las rodillas. No sé si lo lograré, sólo quiero relajarme. Todos tenemos dudas, pero no las niegas. Tampoco te rindes ante ellas. Las aceptas".

- **Kobe Bryant**

Kobe Bryant, uno de los más grandes jugadores de baloncesto, compartió esta reflexión sobre su propia experiencia de lucha y perseverancia. A lo largo de su carrera, él también pasó por momentos de incertidumbre y dolor físico. En lugar de rendirse o dejar que esas dificultades lo vencieran, Kobe las aceptó como parte del proceso y siguió trabajando incansablemente para alcanzar su potencial. Esta frase refleja la mentalidad de un campeón: la verdadera fuerza radica en perseverar incluso cuando la duda y el miedo nos acompañan.

No importa cuán talentosos o exitosos seamos, todos enfrentamos momentos de inseguridad. La clave es no dejarnos paralizar por esos sentimientos. En lugar de negarlos, debemos aceptarlos como parte del proceso y seguir adelante. Para aplicarlo en nuestra vida, es fundamental reconocer que las dificultades no desaparecen, pero nuestro enfoque hacia ellas puede cambiar. Cuando sintamos miedo o duda, en lugar de rendirnos, podemos usar esos momentos como impulso para seguir adelante, aprender y mejorar.

MEMENTO MORI

DIA 76

"Un hombre fuerte no necesita leer el futuro. Él hace su propio futuro".

- **Solid Snake**

La frase de Solid Snake nos invita a entender que nuestra fuerza no radica en predecir lo que sucederá, sino en tomar control de nuestra vida y acciones para crear el futuro que deseamos.

No se trata de esperar pasivamente a que las cosas ocurran, sino de tomar decisiones firmes, trabajar con determinación y estar dispuestos a asumir la responsabilidad de nuestro destino.

La verdadera fortaleza está en no depender de lo que el futuro nos depare, sino en actuar hoy para construir ese futuro con nuestras propias manos.

No podemos prever todos los detalles del futuro, pero sí podemos dirigir nuestra energía hacia lo que está en nuestras manos hoy: estudiar, trabajar, mejorar, y mantener una actitud positiva ante los retos.

Si te enfocas en el presente y tomas decisiones proactivas, crearás un camino sólido hacia el futuro que deseas. En vez de esperar que las circunstancias cambien, conviértete en el cambio que quieres ver.

DIA 77

"El miedo no es malo. Te dice qué es la debilidad. Y una vez que conoces tu debilidad, puedes volverte más fuerte y más amable".

- **Gildarts Clive**

El miedo no debe ser visto como un enemigo, sino como una señal de autoconocimiento. Nos muestra nuestras vulnerabilidades, pero también nos da la oportunidad de crecer.

En lugar de huir de lo que nos asusta, debemos enfrentarlo con valentía. Al hacerlo, no solo nos volvemos más fuertes, sino que también desarrollamos una mayor empatía hacia los demás, ya que reconocemos nuestras propias imperfecciones.

Cuando sentimos miedo ante algo, es el momento ideal para reflexionar sobre por qué nos asusta y qué debilidad está revelando esa emoción. Puede ser miedo al fracaso, a la incertidumbre, o a lo desconocido.

En lugar de evitar estos sentimientos, podemos usarlos como punto de partida para trabajar en esa área de nuestra vida. Al enfrentarlo, creceremos no solo en fortaleza mental, sino también en humildad y compasión, ya que comprenderemos que todos, de alguna manera, enfrentan sus propios miedos.

DIA 78

"Vengan a mí todos los que están afligidos y agobiados, y yo los aliviaré. Carguen sobre ustedes mi yugo y aprendan de mí, porque soy paciente y humilde de corazón, y así encontrarán alivio. Porque mi yugo es suave y mi carga liviana".

- **Jesús (Mateo 11:28-30)**

En este pasaje, Jesús invita a las personas que están pasando por dificultades, que se sienten abrumadas o agobiadas, a acercarse a Él. Les ofrece consuelo y alivio, asegurándoles que, si aceptan su guía y enseñanza, sus cargas serán más fáciles de llevar. Él se presenta como una fuente de paz y tranquilidad, dispuesto a ayudar a quienes se sienten perdidos o cansados.

Todos, sin importar nuestras creencias, atravesamos momentos difíciles en la vida. La invitación aquí es a buscar apoyo, si tienes fe y crees en Dios, acércate más a él y si no crees en él busca ayuda con las personas más cercanas a ti. Aprender de quienes tienen una perspectiva más tranquila y paciente ante los problemas, y tratar de no cargar el peso de todo por uno mismo es clave. La vida puede ser abrumadora, pero hay formas de hacerla más ligera, ya sea a través de la reflexión, el apoyo de otros, o simplemente cambiando la forma en que enfrentamos los desafíos. Es un recordatorio de que, a veces, aceptar ayuda y cambiar nuestra perspectiva puede hacer toda la diferencia.

DIA 79

"Dejar ir no significa olvidar. Dejar ir significa que los recuerdos tomen otra forma que no pese, sino que eleve".

Pensador anónimo

Dejar ir no es borrar el pasado, sino liberar el corazón del peso que esos recuerdos pueden traer. Dejar ir, es entender que el pasado ya no puede cambiarse, pero puede transformarse en una fuente de aprendizaje y crecimiento.

Cuando dejamos ir, damos espacio para nuevas oportunidades y emociones, permitiendo que los recuerdos se conviertan en un impulso hacia un futuro más ligero y positivo.

Comienza reconociendo lo que te duele del pasado sin aferrarte a ello. Permítete sentir, pero no te quedes atrapado en esos sentimientos. Reflexiona sobre lo que esos recuerdos pueden enseñarte y cómo pueden inspirarte a ser más fuerte y sabio. Practica el perdón, ya sea hacia otros o hacia ti mismo, para soltar lo que ya no te sirve. Recuerda que cada experiencia tiene el potencial de elevarte si decides ver el valor en ella.

DIA 80

*"He fallado una y otra vez en mi vida,
por eso he conseguido el éxito".*

- **Michael Jordan**

El éxito no es el resultado de la perfección, sino de la perseverancia frente a los fracasos. Cada error, cada caída, es una lección que nos acerca más a nuestras metas.

Michael Jordan nos recuerda que el verdadero éxito viene de la resiliencia, de levantarnos una y otra vez después de caer. Cada fracaso es una oportunidad para mejorar y acercarnos más a la versión más fuerte de nosotros mismos.

Cambia tu perspectiva sobre el fracaso. En lugar de verlo como un obstáculo, míralo como una oportunidad para aprender y crecer. No te rindas después de un tropiezo; usa cada error como un peldaño hacia el éxito. Mantén la perseverancia y la disciplina, recordando que el camino hacia el éxito está lleno de desafíos que, si los enfrentas con determinación, te llevarán más lejos de lo que imaginas.

DIA 81

"¿Por qué me preocupo por ellos?".

- **Omni-Man**

Omni-Man en un momento crítico, comienza a cuestionar sus acciones y el significado de su misión. La frase refleja el conflicto interno del personaje, un hombre que en su momento de desesperación y dudas llega a preguntarse si las emociones, como el amor y la compasión, tienen realmente valor para él.

En este punto de la historia, Omni-Man está abrumado por sus propios dilemas, cuestionando su misión y su propia existencia. La pregunta "¿Por qué me preocupo por ellos?" se convierte en un punto de quiebre para él, una reflexión que lo lleva a cuestionar si su visión del mundo, basada en la violencia y la indiferencia, realmente tiene sentido.

A veces, cuando nos enfrentamos a nuestras mayores batallas internas, llegamos a cuestionar el valor de nuestras emociones y nuestras conexiones con los demás. Como Omni-Man, podemos sentir que las dificultades de la vida nos están llevando al límite, pero en esos momentos es donde se esconde nuestra mayor fortaleza. Preocuparnos por los demás, amar, y ser compasivos, no es una debilidad, sino lo que nos permite seguir adelante. Es en la lucha contra nuestros propios demonios donde encontramos la verdadera humanidad y el propósito. Nunca subestimes el poder de tus emociones y conexiones, porque son ellas las que nos dan las fuerzas para continuar, incluso cuando todo parece perdido.

DIA 82

"Si te encuentras en un pozo, lo primero que tienes que hacer es dejar de excavar".

- **John Marston**

La frase de John Marston, un hombre marcado por sus propios errores y luchas, refleja una verdad fundamental: en los momentos más oscuros, cuando sentimos que tocamos fondo, lo más importante es no seguir cavando.

Marston, un personaje lleno de conflictos internos, sabe que no se puede salir de un pozo profundizando más en el dolor, la culpa o la desesperación. La clave está en detenerse, tomar una pausa y mirar lo que realmente necesitamos hacer para salir del ciclo negativo.

En la vida, a veces somos nosotros mismos quienes nos hundimos más con pensamientos destructivos o acciones impulsivas. Este mensaje nos invita a reflexionar sobre nuestra propia capacidad de detenernos, de buscar una salida antes de seguir empeorando las cosas. Reconocer el momento de parar es un acto de valentía, porque requiere introspección y aceptación.

DIA 83

"Nunca podrás amar a nadie más hasta que te ames a ti mismo".

- **Lelouch Lamperouge**

La frase de Lelouch Lamperouge, un joven líder marcado por sus decisiones y sacrificios, nos recuerda que el amor propio es la base de cualquier relación verdadera.

Lelouch, con su mente brillante y su corazón herido, entendió que solo cuando uno se acepta y valora a sí mismo, puede ofrecer lo mejor de sí a los demás. El amor propio no es egoísmo, sino el cimiento sobre el que construimos relaciones sanas y genuinas.

En la vida, a menudo buscamos fuera lo que solo podemos encontrar dentro de nosotros mismos.

Si no nos reconocemos y apreciamos nuestras propias virtudes y defectos, difícilmente podremos ofrecer amor verdadero a los demás. El primer paso hacia relaciones enriquecedoras es aprender a ser nuestra propia fuente de apoyo y comprensión. Recuerda que el amor no se trata de perfección, sino de crecimiento y aceptación mutua.

DIA 84

"De mis ojos brotan arroyos de agua [...].
Mis ojos llorarán sin parar, sin descanso".

- Jeremías (Lamentaciones 3:48, 49)

Esta reflexión nos invita a ver las lágrimas no solo como expresión de dolor, sino también como símbolo de nuestra humanidad y resiliencia. Todos, en algún momento, hemos llorado, ya sea por alegría o tristeza.

Los momentos de sufrimiento, como los que vivió Jeremías al ver la destrucción de Jerusalén, son universales, pero es en esos mismos momentos de angustia donde reside nuestra capacidad de sanar. Llorar no es un signo de debilidad, sino un proceso natural de liberación emocional, una forma de limpiar el alma para que, eventualmente, podamos volver a levantarnos con más fuerza.

A través del dolor, encontramos una profunda conexión con nosotros mismos y con los demás. Las lágrimas nos recuerdan que estamos vivos, que tenemos la capacidad de sentir y de sanar. *Lo importante no es evitar el dolor, sino entender que, después de la tormenta, siempre llega la calma.*

DIA 86

"El dolor es una experiencia subjetiva y personal, y cada persona lo vive y lo procesa de manera diferente".

- **Pensador anónimo**

El dolor, aunque común en su presencia, es profundamente único para cada persona. Lo que para uno puede ser una herida superficial, para otro puede ser una batalla emocional interminable.

La clave está en entender que el sufrimiento de los demás no se mide por nuestras propias experiencias. Cada ser humano procesa y vive el dolor de manera distinta, y esa diferencia no debe ser minimizada.

Al comprender esto, cultivamos empatía, un puente que nos conecta con los demás en su dolor, permitiéndonos ofrecer apoyo sin juicios. Es en la aceptación de que cada herida es diferente donde podemos aprender a ser más compasivos y generosos, tanto con los demás como con nosotros mismos.

MEMENTO MORI

DIA 86

"Este momento difícil no es eterno. Eres más grande que cualquier adversidad. El sol siempre vuelve a brillar, y con él, tu fuerza interior también lo hará".

- Pensador anónimo

Entiendo que ahora puede parecer que la oscuridad te rodea, que el dolor y el miedo son más grandes que cualquier esperanza, pero quiero que sepas algo muy importante: no estás solo. Aunque en este momento te cueste verlo, las dificultades que enfrentas no definen quién eres ni lo que vales. Eres mucho más fuerte de lo que imaginas, y lo que te está ocurriendo no es el fin de tu historia. Hay momentos en la vida donde la tormenta parece interminable, pero ten por seguro que siempre hay una salida, siempre hay luz, incluso cuando todo parece estar perdido.

El camino que estás recorriendo ahora te está forjando, te está enseñando a ser más resiliente, más sabio y más capaz de superar lo que el mundo te lanza. Busca ayuda cuando lo necesites; no hay vergüenza en pedir apoyo, ya sea de amigos, familiares o profesionales. Ellos pueden ser el faro que te guíe en los momentos más oscuros. Y recuerda, la decisión de rendirse nunca es la respuesta. La vida te ofrece nuevas oportunidades cada día, aunque hoy no lo puedas ver con claridad. Sigue adelante, paso a paso.

Eres valioso. Eres capaz. Y lo más importante, estás aquí por una razón. No dejes que nadie, ni nada, te haga dudar.

DIA 87

"El camino hacia el éxito no siempre es apoyado por los demás, pero lo que importa es que tú creas en ti mismo. Tu vida es tuya, y solo tú decides qué hacer con ella".

- **Pensador anónimo**

Es normal sentir miedo y dudar cuando no tienes el apoyo que esperabas, cuando las expectativas de los demás parecen pesar más que tus propios sueños. Pero quiero que recuerdes algo fundamental: **esta es tu vida, y solo tú tienes el poder de decidir cómo vivirla.** Puede que en este momento las cosas no salgan como esperabas, pero cada paso que das, aunque sea incierto, te acerca más a la persona que estás destinada a ser. La verdadera pregunta no es si las cosas saldrán bien o mal, sino si te arrepentirás de no haber intentado.

¿Vas a vivir siempre bajo el peso de lo que los demás piensan de ti? ¿Vas a dejar que el miedo de ser "la oveja negra" te impida seguir tus propios sueños? Al final, cuando mires atrás, lo que más pesará no será si seguiste o no las expectativas ajenas, sino si fuiste fiel a ti mismo y a lo que realmente querías. La vida no tiene garantías, pero **tienes la oportunidad de hacerla tuya, de arriesgarte, de equivocarte y, sobre todo, de crecer.** No te rindas ahora, porque el futuro te pertenece, y siempre hay tiempo para comenzar de nuevo.

Lo único que realmente importa es que al final de todo, puedas decir con orgullo: ***"Viví mi vida a mi manera."***

DIA 88

"Cada día que decides no rendirte, es un paso más hacia la libertad. No estás solo en esta lucha".

- **Pensador anónimo**

Hoy, en este momento, tienes una oportunidad que muchos no tienen: la oportunidad de cambiar, de tomar las riendas de tu vida y construir un futuro mejor.

Sé que la lucha es difícil, que las tentaciones parecen más fáciles de enfrentar que el dolor de seguir adelante, pero te aseguro que en este momento de debilidad es donde se forja la verdadera fuerza. El alcohol o las drogas no son tus amigos, aunque te hayan prometido consuelo. Son sombras que oscurecen lo que realmente importa: tu vida, tu salud, tu familia y tu paz interior.

Recuerda que cada vez que te levantas después de caer, estás demostrando tu valentía. Cada día en que decides no ceder, estás eligiendo un futuro sin arrepentimientos.

No es fácil, y es posible que en el camino enfrentes momentos oscuros, pero tienes un propósito más grande que cualquier placer momentáneo.

Estás luchando por ti mismo, por los que te aman, por el hombre que sabes que eres y por el que puedes llegar a ser.

DIA 89

"Hay que aceptar aquello que jamás podrá ser".

- **Pensador anónimo**

A veces, aferrarnos a algo o a alguien que ya no puede ser parte de nuestra vida nos impide seguir adelante. Soltar a una persona es doloroso, pero liberador.

El valor y la fuerza no provienen de la negación, sino de la aceptación. Cuando entendemos que el fin de algo no significa el fin de todo, podemos abrir espacio para nuevas oportunidades y sanación.

El verdadero poder radica en liberarse de lo que no nos hace bien, incluso si es lo más difícil de hacer. Aceptar lo que no podemos cambiar es un acto de valentía, es natural sentir dolor al soltar, pero recuerda que aferrarse a lo que ya no es, solo te ancla al sufrimiento.

Acepta que algunas personas no están destinadas a estar en tu vida para siempre. Suelta con amor y gratitud por los momentos vividos, pero no te quedes atrapado en un *"qué pudo haber sido"*. El proceso de soltar te permitirá sanar y crecer.

La verdadera paz llega cuando dejas ir... ¿Cómo podrás agarrar el futuro y las oportunidades venideras si sigues sosteniendo el pasado en tus manos?

DIA 90

*"Aunque se vayan, su amor y recuerdos
permanecerán con nosotros para siempre."*

- **Pensador anónimo**

Esta frase hace reflexión a la perdida de alguien muy querido en nuestras vidas, pero en este caso nos vamos a enfocar en una mascota.

Perder a una mascota tan querida es un dolor inmenso, pero el amor que compartieron nunca desaparece, se transforma en un recuerdo eterno que siempre estará contigo.

Tu mascota te dio lo mejor de sí, y ese amor sigue siendo parte de ti. El regalo más grande que puedes hacerle ahora es vivir con gratitud por los momentos que compartieron, y seguir adelante con la misma valentía y amor que él te dio. El dolor es real, pero también lo es la fortaleza que tienes para seguir creciendo, honrando su memoria, y abriendo tu corazón a nuevas alegrías. Tu vida sigue siendo un hermoso camino por recorrer, con tu mascota siempre acompañándote en espíritu.

"El amor que una mascota nos da no tiene fin, ni siquiera cuando se despiden. Siempre vivirán en nuestro corazón."

MEMENTO MORI

DIA 91

"Las batallas más duras se pelean en la mente, no con la espada."

- **Senua**

Las batallas más difíciles no siempre son visibles; a menudo, la guerra más dura ocurre dentro de nuestra mente. No se trata de luchar contra enemigos externos, sino de enfrentar nuestros propios miedos, dudas y limitaciones internas.

La verdadera fuerza no radica en vencer a otros, sino en superar nuestros propios demonios y seguir adelante a pesar de ellos. La mente es un campo de batalla constante, y quien logra dominarla, logra dominar su vida.

Es fundamental reconocer que muchas de nuestras dificultades y limitaciones provienen de la forma en que pensamos.

Los pensamientos negativos, las inseguridades o el miedo pueden hacernos sentir incapaces de avanzar. Sin embargo, aprender a gestionar esos pensamientos, practicar el autocuidado mental y cambiar nuestra perspectiva frente a los problemas son formas de "ganar" estas batallas internas. Cuando logras controlar tu mente, las dificultades externas parecen mucho más manejables.

DIA 92

"Solo podemos vivir hasta el día de nuestra muerte. Controlar lo que podamos... y volar libres."

- **Deneil Young**

La vida es un regalo fugaz, y cada día es una oportunidad para vivir plenamente, controlando lo que podemos y dejando ir lo que no está en nuestras manos.

El miedo al futuro o el arrepentimiento por el pasado solo nos atan a lo que no podemos cambiar. Lo más liberador es aceptar que somos humanos, que la muerte es inevitable, pero mientras vivimos, tenemos el poder de hacer nuestras propias elecciones y volar libres, sin que el peso de lo que no podemos controlar nos detenga.

Es importante reconocer que el control sobre lo que nos sucede es limitado. No podemos predecir lo que el futuro nos traerá ni cambiar el pasado, pero sí podemos decidir cómo reaccionamos ante los desafíos y cómo aprovechamos cada día hoy.

En lugar de quedarnos atrapados en lo que no podemos controlar, debemos centrarnos en lo que sí podemos: nuestras decisiones, nuestras acciones, y nuestra actitud hacia la vida. Volar libres significa liberarnos del miedo, la ansiedad y la culpa, y abrazar el presente con la confianza de que estamos haciendo lo mejor posible con lo que tenemos.

DIA 93

"No busco motivación, busco disciplina y constancia."

- **Ilia Topuria**

La frase tiene un gran peso porque proviene de un atleta de élite que ha alcanzado la cima del deporte en la UFC. **Topuria representa una mentalidad enfocada en el trabajo constante, la resiliencia y el compromiso diario**, más allá de la motivación momentánea que puede ser fugaz. Para él, **la motivación no es lo que lo lleva al éxito**, sino la capacidad de seguir entrenando, mejorando y perseverando día tras día, independientemente de los altibajos emocionales o las circunstancias externas.

La motivación puede ser efímera, pero la disciplina y la constancia son las fuerzas que realmente nos llevan a alcanzar nuestras metas. El camino no será fácil, y el fracaso es inevitable, pero cada error es una lección que nos acerca a nuestro objetivo.

La confianza se construye día a día, con pequeñas victorias que nos demuestran que somos capaces de seguir adelante, incluso cuando las cosas no salen como esperábamos. La suerte no es algo que se pueda esperar, es cuando el esfuerzo se encuentra con la oportunidad, y eso solo se logra con trabajo constante.

Así que, sigue adelante, sigue siendo disciplinado y constante, porque el verdadero éxito se forja en la persistencia.

DIA 94

"Hasta que no empieces a creer en ti mismo, no vas a tener una vida."

- **Rocky Balboa**

La base de cualquier éxito en la vida comienza con la confianza en uno mismo. Sin creer en ti, no podrás dar el primer paso hacia lo que deseas alcanzar.

La autoconfianza es el primer motor que te impulsa a actuar, a perseguir tus sueños, y a superar las dificultades que se presentan en el camino. Si no te crees capaz, te quedarás estancado, sin vivir plenamente. Solo cuando realmente creas en tu valor y en tu potencial, estarás listo para crear la vida que mereces.

Empieza por reconocer tus fortalezas, por pequeñas que sean. Cada vez que te enfrentes a un reto, en lugar de dudar de ti mismo, recuerda todo lo que ya has superado. La autoconfianza se construye con pequeñas acciones diarias: asumir desafíos, aprender de los fracasos, y celebrar las victorias, por mínimas que sean. Deja de esperar que otros validen tu valor; empieza a ser el primero en creer en ti, porque solo entonces serás capaz de vivir con propósito y avanzar hacia tus metas.

DIA 95

"Mis ojos se debilitan de tristeza; han perdido su brillo por culpa de todos los que me acosan..."

- **Rey David (Salmo 6:7)**

David, a lo largo de toda su vida, enfrentó dolorosas situaciones de traición y sufrimiento. Fue odiado por muchos y traicionado por amigos y familiares. Sin embargo, en medio de la tristeza y el dolor, encontró consuelo en la certeza de que Dios nunca lo abandonaría.

Aunque las personas pueden fallarnos, Dios siempre está ahí para los que le son leales. El amor de Dios es incondicional y constante, independientemente de las circunstancias.

El dolor de las traiciones y las pérdidas es universal, y a veces sentimos que estamos completamente solos. Sin importar nuestras creencias, es importante encontrar en nuestra vida algo o alguien en quien podamos confiar. El apoyo emocional y el amor no siempre vienen de donde esperamos, pero lo importante es recordar que siempre podemos encontrar fortaleza dentro de nosotros mismos y en las personas que realmente nos valoran. La resiliencia y el amor propio son poderosos recordatorios de que, aunque el dolor es inevitable, no estamos condenados a vivir en él.

MEMENTO MORI

DIA 96

"Tú vienes a mí con espada, lanza y jabalina; más yo vengo a ti en el nombre de Jehová de los ejércitos, el Dios de los escuadrones de Israel".

- **David (1 Samuel 17:45)**

En este versículo, David se enfrenta a Goliat, el gigante que amenaza a su pueblo. David nos enseña que, cuando enfrentamos desafíos enormes, nuestra verdadera fuerza no proviene de las herramientas materiales, sino de nuestra fe y convicción.

Al igual que David confió en el poder de Dios para enfrentar a Goliat, nosotros también podemos encontrar coraje y fortaleza en nuestra fe, sabiendo que no estamos solos en nuestras luchas.

Con la confianza en Dios, incluso los obstáculos más grandes pueden ser superados.

DIA 97

"El día que el hombre supera sus deseos y adicciones, ese día el hombre se vuelve libre de verdad para lograr cosas increíbles y conocer si verdadero potencial".

- **Pensador anónimo**

Cuando el hombre logra vencer sus deseos y adicciones, no solo se libera de las cadenas invisibles que lo atan, sino que abre un mundo lleno de posibilidades.

La verdadera libertad no es hacer lo que uno quiera, sino tener el control total sobre uno mismo. Solo cuando superamos lo que nos limita, somos capaces de descubrir el increíble potencial que llevamos dentro, y alcanzar logros que antes parecían inalcanzables. La libertad verdadera nace cuando tomas las riendas de tu vida y eres dueño de tus decisiones.

La clave para superar cualquier adicción o deseo es tomar conciencia de lo que realmente quieres en la vida. Empieza por pequeños pasos, reconociendo tus debilidades sin juzgarte, y enfócate en lo que te aporta valor y crecimiento. Practica la autodisciplina a diario, eligiendo lo que te acerca a tus metas. Recuerda que la verdadera libertad se encuentra en ser dueño de tus pensamientos y acciones. **Tu potencial solo se revela cuando dejas ir lo que te frena.**

DIA 98

"Cuando los débiles cortejan la muerte, la encuentran".

- **Grigori**

Esta frase nos recuerda que la debilidad no solo se refiere a la falta de fuerza física, sino a la falta de determinación y coraje para enfrentar los desafíos de la vida. Cuando te rindes ante la adversidad o te dejas arrastrar por el miedo y la desesperanza, te acercas a la derrota.

La verdadera fuerza reside en seguir luchando, en levantarte una y otra vez, incluso cuando todo parece en contra. Al enfrentar la vida con valentía y perseverancia, encuentras el poder para transformar tus dificultades en oportunidades.

No dejes que los momentos difíciles te quiten el impulso para seguir adelante. La vida siempre tendrá desafíos, pero la clave es no rendirse ante ellos. Practica la resiliencia: cada vez que enfrentes una caída, recuerda que te puedes levantar más fuerte. En lugar de cortejar la rendición, busca soluciones, mantén una actitud positiva y sigue adelante.

El verdadero poder está en persistir cuando todo parece perdido.

DIA 99

"No estoy seguro de si es posible o no. Estoy haciendo esto porque quiero. He decidido convertirme en el rey de los piratas, no importa si tengo que morir luchando para alcanzarlo".

- **Monkey D. Luffy**

"Si no te arriesgas, no puedes crear un futuro". Tomar riesgos es el primer paso para crear el futuro que deseas. Si te quedas en tu zona de confort, te pierdes las oportunidades de crecimiento y cambio. Como Luffy, la verdadera grandeza comienza cuando decides actuar, incluso sin saber si el camino será fácil.

El futuro no se construye con certezas, sino con la valentía de arriesgarse y la determinación de luchar por lo que quieres, sin importar los obstáculos. Como él dice, *"No importa si tengo que morir luchando para alcanzarlo",* porque al final lo que importa es el viaje, la lucha por tus sueños.

Para avanzar en la vida, comienza por tomar riesgos pequeños y graduales. No dejes que el miedo al fracaso te frene, cada intento es una oportunidad de aprender. No necesitas tener todas las respuestas, solo la determinación de seguir adelante. Cree en ti mismo y en tu capacidad para crear el futuro que deseas. La verdadera libertad viene de la acción, no de esperar que todo sea perfecto.

DIA 100

"Compre un libro para olvidarme de ti y en su primera hoja decía: 'No se olvida a quien se ama'".

- **Mario Benedetti**

A veces intentamos huir de lo que sentimos, creyendo que el tiempo o las distracciones nos ayudarán a sanar. Pero la realidad es que el amor no se olvida simplemente con el paso de las páginas de un libro o con el tiempo.

El amor verdadero deja huellas profundas en el corazón, y esas huellas no desaparecen por completo, aunque intentemos ignorarlas. Aceptar lo que sentimos, aprender de esa experiencia y seguir adelante con valentía es lo que realmente nos permite sanar y crecer.

No intentes forzar el olvido ni huir de lo que sientes. Aceptar tus emociones es el primer paso para superarlas.

Cada experiencia de amor, aunque dolorosa, te enseña algo valioso sobre ti mismo. En lugar de distraerte, toma el tiempo para reflexionar sobre lo aprendido y utiliza esa sabiduría para crear un futuro mejor. *El verdadero crecimiento llega cuando enfrentas lo que sientes y te permites sanar sin prisas.*

DIA 101

"Si nadie lo ha hecho, entonces yo seré el primero".

-   **Ilia Topuria**

La grandeza no espera permiso ni necesita caminos trazados. Si nadie lo ha hecho, entonces tú serás el primero. La historia no se escribe con miedo ni dudas, sino con acción y determinación.

No busques aprobación, crea tu propio camino. Enfrenta el miedo como un desafío, no como un obstáculo. Si caes, levántate con más fuerza. La única derrota real es la renuncia. Cree en ti, aunque nadie más lo haga. Y, sobre todo, recuerda: el primer paso siempre es el más difícil, pero también el más importante.

Un hombre no puede huir de su propia historia; tarde o temprano, el destino le preguntará si tuvo el valor de intentarlo.

Prefiero caer mil veces y levantarme... que vivir con la carga del "¿qué hubiera pasado?". **Porque el verdadero fracaso no está en fallar, sino en nunca haberlo intentado.**

DIA 102

"Hazlo, y si te da miedo, hazlo con miedo".

- **Andrea Adrich**

A veces el miedo es inevitable, pero no puede ser un obstáculo, sino una señal de que estás en el camino correcto. "Hazlo, y si te da miedo, hazlo con miedo" no significa que no sientas temor, sino que el miedo no debe detenerte.

Es normal sentir ansiedad al enfrentarte a algo nuevo, como un cambio de trabajo, emprender un negocio o independizarte, pero cada paso hacia lo desconocido es una oportunidad para crecer. Los que han alcanzado el éxito no son los que no temían, sino los que decidieron actuar a pesar del miedo, sin esperar tener todas las respuestas.

Entiende que el miedo es parte del proceso de crecimiento y transformación. El éxito no llega sin esfuerzo ni sin momentos de duda, pero es en esos momentos cuando realmente se forja tu capacidad para avanzar. No dejes que la presión te paralice, hazlo con miedo, pero hazlo. La única forma de saber si realmente puedes es intentándolo, y el primer paso es el más valioso. La verdadera derrota no está en caer, sino en no intentarlo nunca.

DIA 103

"Quiero ser como tú Thorfinn. Una persona que es fuerte, pero amable. Un hombre de verdad".

- **Olmar**

La frase es dicha por Olmar, el cual observa en Thorfinn una fuerza increíble, no solo en su habilidad para luchar, sino en su madurez emocional al dejar atrás la violencia y buscar la paz. Thorfinn, después de vivir una vida marcada por la venganza y la guerra, llega a entender que la verdadera fuerza no está en ser temido o poderoso, sino en vivir de acuerdo con la paz y la compasión. *"No tengo enemigos"* refleja esa transformación interna, donde decide liberar su alma de la ira y la lucha constante, buscando en su lugar una existencia más plena y serena.

La verdadera fuerza no radica en la violencia ni en la imposición, sino en el equilibrio entre la firmeza y la bondad. No se trata solo de tener la capacidad de enfrentar grandes desafíos, sino también la sabiduría para ser compasivo y vivir en paz con uno mismo y con los demás.

La fortaleza verdadera es aquella que sabe cuándo actuar y cuándo ser amable, cuando la lucha no es contra otros, sino contra las propias sombras internas. La paz se encuentra cuando dejamos de ver enemigos y aprendemos a luchar por nuestra propia serenidad.

DIA 104

"Invencible es solo una palabra".

- Sekishusai Yagyu

En *Vagabond*, Sekishusai Yagyu le transmite a Musashi que la palabra "invencible" es solo eso, una palabra. Musashi, joven y enérgico, está obsesionado con la idea de demostrar su fuerza al vencer a los mejores, pensando que, al hacerlo, él mismo alcanzaría una cualidad invencible. Este pensamiento erróneo lo lleva a buscar batallas más allá de su capacidad, a menudo sobreviviendo solo por suerte.

Yagyu, con más sabiduría y experiencia, le muestra que la verdadera fuerza no se basa en ganar sobre otros, sino en entenderse a sí mismo, reconocer tus fallas y seguir aprendiendo. La "invencibilidad" es un concepto vacío si no te enfrentas primero a tus propios miedos y limitaciones.

Yagyu nos recuerda que la verdadera fuerza no se mide por los títulos ni por los trofeos, sino por la humildad, el aprendizaje y la constante superación personal. Creer que una palabra o un título como "invencible" define quién eres, es un error que puede cegarte a lo que realmente importa: el crecimiento constante y el entendimiento profundo de tus propias limitaciones. La verdadera fuerza está en saber que siempre hay algo que aprender, incluso de tus derrotas. La invencibilidad no es un estado a alcanzar, sino una ilusión que nos impide ver el verdadero camino hacia la excelencia.

DIA 105

"¿Por qué nunca me doy cuenta de lo que tengo hasta que lo pierdo?".

- **Guts**

Guts, vive una vida de dolor y lucha constante. Su historia está marcada por la pérdida y la violencia, lo que le ha llevado a desarrollar una visión distorsionada de lo que realmente importa. La frase refleja el arrepentimiento y la sensación de vacío que siente al darse cuenta, tarde, de lo que ha perdido a lo largo de su vida: amigos, oportunidades y momentos de paz.

Guts, al igual que muchos de nosotros, aprende de la manera más difícil que la verdadera riqueza no está en lo que perseguimos, sino en lo que ya poseemos. Es un recordatorio de que la apreciación es algo que debemos practicar constantemente, no solo cuando ya es demasiado tarde.

Es una frase que refleja una de las realidades más dolorosas de la vida: a menudo no valoramos lo que tenemos hasta que ya no está a nuestro alcance. El dolor de la pérdida nos despierta, nos hace conscientes de las bendiciones que tuvimos, pero también nos ofrece una lección profunda: **no debemos esperar a perder algo para darnos cuenta de su valor**. La paz radica en aprender a apreciar lo que tenemos en el presente, en ser conscientes de nuestra vida, nuestras relaciones y nuestras oportunidades antes de que sea demasiado tarde.

MEMENTO MORI

DIA 106

"Tanto estrés para terminar aquí... en la tumba".

- Pensador anónimo

Esta frase nos recuerda la fragilidad de la vida y la importancia de no dejarnos consumir por el estrés y la rutina. La vida no se mide por las horas que pasamos en un trabajo, ni por las preocupaciones que nos agobian a diario. Al final, todo lo que acumulamos, todo el esfuerzo sin descanso, no tiene valor si no aprendemos a disfrutar lo que realmente importa: nuestra salud, las personas que amamos y los momentos de paz. En lugar de vivir para el trabajo y el estrés, debemos aprender a vivir para nosotros mismos, valorando cada día como un regalo y no como una carga.

Valora lo que tienes y lo que eres. Si el trabajo te consume, pregúntate si realmente vale la pena perder tu salud y felicidad por algo que, al final, no te llevará a ningún lugar significativo. Aprende a establecer límites y priorizar lo que te hace sentir pleno. Si sientes que tu rutina no te permite respirar, haz espacio para pequeños momentos de descanso. La vida es corta y muchas veces, nos centramos tanto en lo urgente, que olvidamos lo importante.

No dejes que el estrés te robe los momentos que realmente valen la pena.

DIA 107

"La vida puede cambiar en un segundo, y lo que hoy damos por hecho, mañana puede ser lo que más deseamos tener".

- **Pensador anónimo**

Esto nos recuerda lo impredecible que es la vida. A veces, nos enfocamos tanto en lo que no tenemos o en lo que nos falta, que olvidamos valorar lo que ya está frente a nosotros.

La salud, las relaciones, las oportunidades: todo lo que consideramos seguro puede transformarse en algo que anhelamos cuando ya no lo tenemos ya sea por un accidente o alguna enfermedad. Este recordatorio nos invita a ser más conscientes, a vivir con gratitud y a no esperar a perder algo para darnos cuenta de su verdadero valor.

Aprende a apreciar lo que tienes ahora mismo. No esperes a perder algo para reconocer lo importante que es. Haz espacio para la gratitud diaria y vive de manera consciente, sabiendo que todo lo que tienes en este momento es valioso. La vida es impredecible, por lo que cada día es una oportunidad para disfrutar, cuidar y mejorar lo que ya posees. No te dejes atrapar por la rutina o el estrés, porque lo que ahora parece seguro, mañana podría ser irremplazable. La verdadera riqueza está en saber valorar lo que está frente a ti, hoy.

DIA 108

"Tienes que dejar todo eso en el pasado, porque simplemente no importa, lo que importa es en lo que tú decides convertirte".

- **Po**

Lo poderoso de que Po sea quien le diga esto a Shen, es que él no está hablando desde la perspectiva de alguien sin sufrimiento, sino desde alguien que ha vivido con esas cicatrices. Po ha aprendido a soltar su pasado, a pesar de la tremenda pérdida que sufrió de sus padres, y ha elegido ser algo más grande que su dolor, en alguien que puede perdonar y avanzar.

Al decirle a Shen que el pasado no importa y que lo único que cuenta es en lo que uno decide convertirse, Po no solo le ofrece una oportunidad a Shen de redención, sino también una lección universal: el pasado es algo que podemos dejar atrás, y lo que realmente nos define es cómo elegimos vivir el presente y construir nuestro futuro.

Esta frase nos invita a soltar las cargas del pasado y enfocarnos en el presente. A veces, nos aferramos a viejas heridas, errores o fracasos, pensando que definen quiénes somos, pero lo único que realmente define nuestro futuro es la decisión de reinventarnos. El pasado es solo una lección, no una cadena. Lo que importa es lo que elijamos hacer con lo que tenemos ahora. La verdadera fuerza está en dejar atrás lo que no podemos cambiar y dar un paso firme hacia lo que queremos ser.

DIA 109

"El hombre no está hecho para la derrota. Un hombre puede ser destruido, pero no derrotado".

- **Ernest Hemingway**

Hemingway nos recuerda que la verdadera fuerza no se encuentra en evitar caídas, sino en la capacidad de levantarnos una y otra vez, sin importar cuán difíciles sean las circunstancias. El ser humano tiene una resiliencia infinita; puede ser golpeado por la vida, puede sentirse derrotado en momentos de desesperación, pero nunca está realmente vencido hasta que decide dejar de luchar.

La clave no está en la caída, sino en la voluntad de seguir adelante, reconstruirse y seguir persiguiendo lo que importa.

La derrota solo existe en el momento en que te rindes. Si caes, no lo veas como el final, sino como una oportunidad para aprender y fortalecer tu espíritu. La vida no es fácil, pero lo que define tu camino no son las adversidades, sino la forma en que decides enfrentarlas. No importa cuántas veces te sientas derrotado; lo importante es levantarte, seguir adelante y recordar que tu verdadera fuerza reside en no dejar de intentarlo. El sufrimiento te puede destruir temporalmente, pero tu decisión de seguir te mantiene invencible.

DIA 110

"Un pájaro posado en un árbol nunca tiene miedo de que la rama se rompa, porque su confianza no está en la rama, sino en sus propias alas".

- **Pensador anónimo**

¿Y si todo sale mal?

Esta es una pregunta que todos nos hemos hecho en algún momento, especialmente cuando nos enfrentamos a grandes decisiones o desafíos. El miedo al fracaso, a perder el control, o a ser vencidos por las circunstancias, a menudo nos detiene antes de intentar. Pero, al igual que el pájaro en la frase, debemos recordar que nuestra verdadera confianza no está en las "ramas" externas que creemos que nos sostienen, sino en nuestras propias "alas".

La vida siempre estará llena de incertidumbre, pero si confiamos en nuestras habilidades, en nuestra capacidad de adaptarnos y seguir adelante, podemos volar por encima de cualquier obstáculo, sin miedo a lo que no podemos controlar.

La clave está en tener fe en nosotros mismos, no en las circunstancias.

MEMENTO MORI

DIA 111

"Todo tiene un principio y un final. La vida es solo un ciclo de inicios y finales. Hay finales que no deseamos, pero son inevitables, tenemos que afrontarlos. De eso se trata ser humano".

- **Jet Black**

Jet Black y su reflexión sobre los finales y los comienzos refleja su propio proceso de aceptación de los cambios que la vida le impone, y cómo, a pesar de la tristeza y las despedidas, siempre hay espacio para el nuevo ciclo que comienza.

La vida es un flujo continuo de cambios. Los comienzos nos llenan de emoción y esperanza, pero los finales, aunque dolorosos, son una parte igualmente importante de nuestra experiencia. No podemos evitar que algo termine, pero lo que sí podemos controlar es cómo enfrentamos esos momentos. Es importante aceptar que todo tiene un ciclo: los trabajos, las relaciones, las etapas de nuestra vida.

Cuando un final llega, es normal sentir tristeza, miedo o incertidumbre. Sin embargo, en lugar de resistirnos o aferrarnos a lo que ya no está, debemos aprender a ver cada final como una oportunidad de crecimiento. Al aceptar los finales como una parte natural del proceso, nos liberamos del sufrimiento innecesario y nos abrimos a nuevas posibilidades. Ser humano no es solo disfrutar de los inicios, sino tener la fuerza y la madurez para aceptar los finales con valentía y aprender de ellos.

DIA 112

"Siempre le daré gracias a la vida por haberme cruzado en tu camino".

- **Pensador anónimo**

Cada encuentro, cada relación, tiene el poder de transformarnos, de enseñarnos algo nuevo, de darnos fuerza o incluso de hacernos ver la vida desde otra perspectiva. A veces, no valoramos lo suficiente el impacto que alguien tiene en nuestra vida hasta que nos detenemos a reflexionar sobre lo que hemos aprendido o lo que hemos crecido gracias a esa conexión.

La gratitud es una forma poderosa de reconocer lo positivo que hay en nuestras vidas y de vivir con una mayor conciencia y aprecio por las bendiciones que nos rodean.

Hoy mismo, toma un momento para agradecer a las personas que han tenido un impacto positivo en tu vida. Ya sea un amigo, un familiar o alguien que, aunque no esté cerca ahora, dejó una huella importante en tu camino. La gratitud diaria, aunque sea por lo más pequeño, puede cambiar la forma en que ves la vida. No te olvides de valorar los momentos que compartes con los demás y de reconocer el impacto que tienen en tu crecimiento personal.

Al final, son esas conexiones lo que realmente dan sentido y profundidad a nuestro camino.

DIA 113

"Preocupándote de una sola hoja... no verás el árbol. Preocupándote de un solo árbol... no verás el bosque entero".

-   **Takuan**

Takuan, un monje zen, le dice estas palabras a Musashi, quien está atrapado en su propia obsesión con la violencia y la búsqueda constante de ser el mejor.

Musashi, en su impulso por perfeccionarse en el combate, a menudo se enfoca demasiado en pequeños detalles, lo que lo aleja de ver la imagen más grande de su vida. Takuan le enseña a Musashi que la verdadera maestría no se encuentra en obsesionarse con cada paso individual, sino en tener una visión más amplia de lo que está haciendo y lo que representa. Es un llamado a la serenidad y a la sabiduría en medio de la lucha.

Esta frase nos invita a tomar perspectiva y no quedarnos atrapados en los pequeños detalles que nos nublan la vista. La vida tiene muchos aspectos, y si nos enfocamos demasiado en una preocupación o en un solo problema, podemos perder la visión de todo lo que realmente importa. La verdadera sabiduría está en poder mirar más allá de lo inmediato, en ver el panorama completo, y reconocer que todo está conectado.

No dejes que una pequeña dificultad te haga perder la belleza de la totalidad.

DIA 114

"Ya caminaste sobre fuego y sigues aquí, no dudes ni un segundo de ti".

- **Pensador anónimo**

Has pasado por pruebas que muchos no podrían soportar, y, sin embargo, aquí estás, más fuerte, más sabio y más decidido que nunca. Has enfrentado la oscuridad, has caminado a través de tus miedos, has sobrevivido a lo que parecía imposible, y aquí sigues, de pie. Eso no es solo supervivencia, es la prueba de tu fuerza. No importa cuántas veces caíste, ni cuántas veces sentiste que el peso del mundo era demasiado. El hecho de que sigas aquí, con vida, con sueños, con fuerza, es la prueba de que eres un guerrero, un hombre increíble, uno que no se deja definir por las dificultades, sino por cómo se levanta después de cada golpe.

La vida, aunque pueda ser dura, también está llena de belleza y oportunidades. La luz siempre encuentra su camino a través de la oscuridad, y tú tienes el poder de ver esa luz, porque ya has demostrado que nada puede apagarte. Tienes dentro de ti una fuerza infinita que puede mover montañas, un coraje que te ha permitido salir adelante hasta ahora y seguir avanzando. No dejes que las dudas te roben lo que has construido, lo que has superado. Eres más grande que cualquier desafío. Eres más que capaz. Y recuerda, la vida es tan hermosa como decidas verla; tú eres el autor de tu propia historia y la estás escribiendo de una manera increíble. **No dudes ni un segundo de ti.**

DIA 115

"Nadie vendrá y te salvará".

- **Pensador anónimo**

Tú eres tu propio salvador. Hay momentos en la vida en los que caemos en pozos oscuros, llenos de problemas, de tristeza, de desesperanza. Miramos a nuestro alrededor esperando que alguien llegue y nos saque de ahí, pero el mundo sigue girando, las personas siguen luchando sus propias batallas, y nadie vendrá con una cuerda mágica para rescatarnos. **Pero aquí está la clave: no necesitas que nadie te salve.**

Dentro de ti hay una fuerza más grande de lo que imaginas, un guerrero que ha sobrevivido a todo lo que la vida le ha lanzado hasta ahora. **Si has llegado hasta aquí, es porque has sido lo suficientemente fuerte para soportarlo.** No esperes a que el destino cambie por sí solo o a que alguien más arregle lo que duele en tu interior. Tienes dentro de ti todo lo que necesitas para levantarte, para reconstruirte, para convertirte en alguien aún más fuerte.

Cuando aprendes a salvarte a ti mismo, te das cuenta de que nunca más volverás a sentirte indefenso. No necesitas un héroe porque **tú eres tu propio héroe.** Así que da el primer paso, aunque sea pequeño. Levántate, lucha, avanza. Porque si nadie viene a salvarte, eso solo significa que tú tienes el poder de hacerlo por ti mismo. Y cuando lo logres, mirarás atrás y te darás cuenta de que siempre fuiste lo suficientemente fuerte.

MEMENTO MORI

DIA 116

"Si empiezas a arrepentirte, opacarás tus decisiones futuras y dejarás que otros tomen las tuyas. Entonces, solo te queda morir. Nadie puede predecir el resultado. Cada decisión que tomas tiene sentido solo si afecta a tu próxima decisión".

- **Erwin Smith**

La vida es un constante flujo de decisiones, y cada una de ellas, aunque incierta, te lleva hacia el siguiente paso. **El arrepentimiento solo frena tu avance y te roba el poder sobre tu futuro.**

Es natural dudar, pero si te quedas atrapado en lo que ya pasó, no podrás moverte hacia lo que viene. La clave está en tomar decisiones con confianza, aprender de cada una y verlas como escalones hacia tu próximo logro. **El verdadero poder está en saber que lo único que puedes controlar es lo que eliges hacer ahora.** La vida sigue, y tu viaje también.

Enfócate en el presente y en lo que puedes controlar, porque el futuro depende de lo que elijas hoy.

DIA 117

"¿Sabe usted lo que es esperar veinte años para vivir un solo día y cuando ese día llega encontrarlo también negro y vacío?".

- **Alejandro Casona**

En *Los árboles mueren de pie* de Alejandro Casona, los personajes luchan con sueños postergados, frustraciones y una constante expectativa de un futuro mejor. Esta pregunta refleja la tragedia de esperar tanto tiempo por algo que se cree que resolverá todo, solo para descubrir que no es tan perfecto como esperábamos.

Es una crítica a la vida que dejamos pasar mientras nos centramos únicamente en el futuro, sin darnos cuenta de lo valioso que es el presente. Es una llamada de atención sobre la importancia de valorar cada día, de no posponer la vida en busca de un "momento perfecto", porque la vida no espera, y cada día tiene su propio valor.

Esperar veinte años por un solo día puede ser visto como la metáfora de vivir solo para el futuro, sin disfrutar el presente. Y cuando ese día llega, al no haber vivido realmente antes, lo que encontramos es una sensación de vacío, de insatisfacción. **La verdadera vida no está en la espera, sino en lo que hacemos mientras esperamos.** Si solo esperamos por el futuro sin disfrutar el camino, podríamos encontrarnos con una vida llena de vacíos y arrepentimientos.

DIA 118

"El secreto de la existencia no consiste solamente en vivir, sino en saber para qué se vive".

- **Albert Camus**

Esta profunda reflexión de Albert Camus en *La peste* nos invita a ir más allá de la simple rutina diaria. Vivir no es solo respirar y existir; se trata de encontrar un propósito, un sentido que guíe cada uno de nuestros pasos. **El verdadero valor de la vida radica en descubrir qué la hace significativa**. Sin un propósito claro, los días se desvanecen, se vuelven repetitivos y vacíos. Sin embargo, cuando encontramos algo por lo que levantarnos cada mañana, cuando comprendemos el "para qué" de nuestra existencia, cada momento se llena de sentido y energía.

La pregunta de Camus nos lleva a cuestionar si realmente estamos viviendo plenamente o si simplemente estamos dejando que los días pasen sin un propósito más grande. **Saber para qué vives es lo que te da dirección, motivación y la capacidad de enfrentar incluso los momentos más oscuros con esperanza.** El objetivo no es solo sobrevivir a la vida, sino encontrar aquello que nos hace sentir vivos de verdad.

DIA 119

"No eres tus pensamientos; eres quien los observa y puedes cambiarlos".

- **Joe Dispenza**

Tú no eres prisionero de lo que piensas. A menudo, nos identificamos tanto con nuestros pensamientos que creemos que son nuestra realidad, pero la verdad es que somos **el observador** de esos pensamientos. Tienes el poder de cuestionarlos, cambiarlos y redirigirlos hacia lo que te empodera. **La clave está en tomar conciencia de que tus pensamientos no definen quién eres**, sino que tú eres quien decide qué pensamientos valen la pena seguir.

Esto te da una libertad increíble, porque al comprender que puedes cambiar tu manera de pensar, puedes transformar completamente tu vida. Si te encuentras atrapado en pensamientos negativos o limitantes, recuerda que tienes el poder de redirigir tu mente hacia pensamientos que te fortalezcan, te hagan crecer y te acerquen a tu mejor versión.

Elige pensar en grande, elige pensamientos que te motiven y te impulsen hacia el éxito.

DIA 120

"Una persona cambia por 2 razones: por inspiración o por desesperación. Es decir, porque ha aprendido demasiado o porque ha sufrido lo suficiente".

-   **Alan Watts**

En la vida, todos pasamos por momentos de cambio, ya sea porque descubrimos algo que nos inspira a ser mejores o porque llegamos al punto de no poder tolerar más lo que nos limita. El sufrimiento puede ser un maestro implacable, pero **la inspiración es la fuerza que nos eleva sin tener que golpear el fondo**.

La verdadera y real transformación ocurre cuando elegimos cambiar sin esperar a que el dolor sea el único motivador.

Al aprender, al crecer, al nutrirnos de nuevas experiencias y sabiduría, podemos tomar decisiones que nos lleven a un camino de autenticidad y éxito, sin necesidad de llegar a los límites del sufrimiento.

Elige cambiar y mejorar, no dejes para mañana lo que puedas comenzar hoy.

MEMENTO MORI

DIA 121

"La soledad es peligrosa. Es adictiva. Una vez que te das cuenta de cuánta paz hay en ella, no quieres lidiar con la gente".

- **Carl Gustav Jung.**

Las palabras de Carl Gustav Jung nos invitan a reflexionar sobre el equilibrio que debemos encontrar entre la soledad y las relaciones. Si bien la soledad puede ofrecernos claridad y paz interior, también puede aislarnos de las conexiones humanas que son esenciales para nuestro crecimiento.

La verdadera fuerza no está en evitar a los demás, sino en encontrar paz dentro de nosotros mismos sin renunciar a lo que nos une a los otros. La soledad puede ser una herramienta poderosa para la autocomprensión, pero nunca debe convertirse en una escapatoria de las experiencias enriquecedoras que vienen de compartir con otros.

Encuentra momentos de soledad que te ayuden a reflexionar y recargar energías, pero recuerda que las relaciones humanas también son una fuente de crecimiento. No te desconectes completamente del mundo exterior; las conexiones con los demás pueden enseñarte tanto como la introspección. **La clave está en balancear tu tiempo entre la paz interior que la soledad ofrece y las interacciones que enriquecen tu vida.**

DIA 122

"Todas las personas verdaderamente fuertes son amables".

Takuan

Takuan le habla a Musashi y le muestra que la verdadera fortaleza viene de la humildad, la paz interior y el respeto por los demás. Esta frase resalta la diferencia entre la fuerza física y la verdadera fuerza espiritual, invitando a Musashi (y a todos nosotros) a buscar un equilibrio entre poder y compasión.

Nos recuerda que la verdadera fortaleza no se mide por el poder físico o por la capacidad de dominar a los demás, sino por la capacidad de ser amable, incluso en las circunstancias más difíciles. La verdadera fuerza radica en el control de uno mismo, en ser compasivo y en mostrar empatía, incluso cuando la vida te desafía. **La fuerza no está en herir, sino en sanar, no en imponer, sino en entender.**

El verdadero guerrero no es aquel que vence a los demás, sino el que vence su ego y actúa con bondad.

DIA 123

"¿Qué harás cuando tu madre ya no esté contigo?".

- **Pensador anónimo**

Esta pregunta profunda nos hace reflexionar sobre el valor incomparable que tiene una madre en nuestras vidas. A menudo damos por sentada la presencia de aquellos que más nos quieren, pero el tiempo no es eterno y, cuando menos lo esperamos, todo puede cambiar.

La respuesta a esta pregunta no debe ser una inquietud por la pérdida, sino un recordatorio de lo que podemos hacer mientras nuestra madre está a nuestro lado: amarla, apreciarla y darle las gracias por todo lo que ha hecho. Cuando finalmente llegue el momento de la despedida, que no nos quede ningún remordimiento por no haberle mostrado todo el amor que sentíamos.

Hoy, aprovecha cada día para mostrarle lo importante que es para ti. Cada gesto, cada palabra de agradecimiento cuenta. **Nunca es demasiado tarde para reconocer el amor incondicional que una madre brinda.** Y para quienes ya han perdido a su madre, recuerda que su amor siempre permanecerá en tu corazón, y que su legado vive en ti.

DIA 124

"¿Qué harás cuando tu padre ya no esté contigo?".

- **Pensador anónimo**

Esta pregunta no solo nos invita a pensar en la inevitable separación que el tiempo y la vida traen, sino también en el papel fundamental que un padre desempeña en nuestra existencia. Un padre no es solo una figura, es **el pilar que sostiene el hogar**, la guía que nos orienta a través de las tormentas de la vida y el ejemplo de fortaleza y sacrificio. Cuando un padre ya no está, hay un vacío que parece imposible de llenar, una sombra que queda sobre todos los aspectos de nuestra vida.

Padre es sinónimo de responsabilidad. Nos muestra qué significa ser fuerte, pero también qué significa ser amables, nos enseña cómo ser líderes, pero también cómo ser humildes. La vida cambia sin su presencia, pero el verdadero desafío no es solo sentir la pérdida, sino **honrar todo lo que él nos enseñó y llevar adelante lo que nos dejó**.

Hoy, si tienes a tu padre presente, aprovecha para agradecerle, porque lo que él hizo por ti va más allá de las palabras. Agradece por cada sacrificio, por cada consejo, por ese amor silencioso que a veces solo un padre sabe dar. Y si ya no está a tu lado, entonces vive de manera que su legado nunca se olvide, porque de él aprendiste lo más valioso: ser responsable, ser fuerte y ser amoroso, sin dejar de ser tú mismo.

DIA 125

"Un hermano es el mejor amigo que puedes tener, porque siempre te entiende sin necesidad de palabras".

- **Pensador anónimo**

A lo largo de nuestras vidas, enfrentamos momentos de alegría, tristeza, desafíos y éxitos, y tener un hermano a tu lado hace que todo sea más llevadero. No importa si estamos distanciados por kilómetros o por circunstancias, el simple hecho de saber que siempre podemos contar con el apoyo de un hermano, con su comprensión inmediata, es un regalo invaluable.

Un hermano no solo es alguien con quien compartimos la vida, sino una persona que, sin necesidad de hablar, sabe exactamente lo que sentimos, lo que necesitamos, y siempre está ahí para ofrecernos su ayuda, su tiempo, o simplemente su presencia.

Hoy quiero agradecerte, por ser esa persona con la que puedo contar sin temor, sabiendo que me entiendes con solo una mirada. Gracias por tus silencios llenos de sabiduría, por tus palabras cuando las necesito, y por ser el amigo que no pide nada a cambio. No hay forma de expresar con palabras lo que siento, porque tú ya sabes lo que quiero decir. Eres la parte de mí que siempre está allí, incondicionalmente, y eso es lo que hace que nuestro vínculo sea único. Gracias por ser tú, por tu paciencia, por tu amor, y por estar siempre ahí.

MEMENTO MORI

DIA 126

"No puedes ganar en la vida, si estás perdiendo en tu mente".

- **Pensador anónimo**

Todo en la vida comienza con la forma en que pensamos. La mente es el terreno donde se siembra todo lo que hacemos, desde nuestras metas hasta nuestra actitud frente a los desafíos. Si en tu mente te permites dudas, miedos y pensamientos limitantes, no importa cuán duro trabajes, la victoria se vuelve inalcanzable.

El primer paso para ganar en la vida es cultivar una mentalidad positiva, de confianza y resiliencia. Si logras conquistar tu mente, la vida externa seguirá esa fuerza interna que hayas creado.

Comienza por ser consciente de tus pensamientos. Cuando te enfrentes a una dificultad o a un reto, pregúntate: "¿Cómo estoy viendo esta situación? ¿Estoy enfocándome en las posibles fallas o en las oportunidades que existen?" A partir de ahí, empieza a transformar esos pensamientos negativos en positivos.

La clave está en reemplazar el 'no puedo' por 'lo intentaré' y el 'es muy difícil' por 'puedo aprender y crecer con esto'.

DIA 127

"¿Quién soy? Ni siquiera sé quién soy...
¿Quién soy? No soy nadie".

- **Rango**

Rango, se encuentra perdido y comienza a cuestionar quién es y cuál es su propósito. Es un ser que, al principio, no sabe quién es ni cómo encajar en el mundo que lo rodea. A lo largo de su viaje, sin embargo, va descubriendo que la clave no es encontrar una respuesta fija a esa pregunta, sino **entender que la vida misma es un proceso de autodescubrimiento.**

Al final, lo que lo define es el valor de ser auténtico, de no tener miedo a no saber quién eres, sino de seguir adelante en la búsqueda y tener la valentía de crear tu propia identidad.

A menudo nos encontramos perdidos, buscando nuestro propósito o nuestra identidad. Pero, es que el simple hecho de cuestionarnos quién somos es una de las primeras señales de que estamos en el camino correcto para encontrarnos.

La vida no es un destino fijo, sino un viaje lleno de descubrimientos. No necesitas tener todas las respuestas ahora mismo; la clave está en la búsqueda constante de quién deseas ser y lo que quieres hacer con tu vida. Cada experiencia, cada desafío, cada elección te están formando, y lo que consideras una duda hoy puede ser el motor que te impulse a encontrar tu verdadera esencia.

DIA 128

"La felicidad no se trata de conseguir lo que quieres, sino de disfrutar lo que tienes".

- **Pensador anónimo**

A menudo nos enfocamos tanto en lo que nos falta, en los logros que aún no hemos alcanzado, que olvidamos lo que ya tenemos.

La verdadera felicidad **no radica en obtener más, sino en valorar y aprovechar lo que está justo frente a nosotros.** Disfrutar de lo que ya poseemos—ya sea un momento de paz, una relación cercana, un logro pequeño pero significativo—nos permite vivir con gratitud y plenitud.

No necesitas esperar a tenerlo todo para ser feliz; la felicidad está en **saber saborear cada paso del camino,** en **apreciar lo simple y lo cotidiano.**

Comienza hoy mismo a reconocer las pequeñas bendiciones que te rodean: un buen café por la mañana, una charla con un ser querido, un día soleado. **Haz una pausa cada vez que te sientas atrapado en lo que no tienes y recuerda todo lo que ya has conseguido.** La felicidad florece cuando nos permitimos disfrutar del presente y ser agradecidos por lo que somos y lo que tenemos ahora.

DIA 129

"Soy sabio porque alguna vez fui necio".

- **Pensador anónimo**

La sabiduría no proviene de la perfección, sino de la experiencia. Cometer errores no es un signo de debilidad, sino una de las formas más poderosas de aprender. Cada fallo, cada paso en falso nos enseña algo valioso, y aquellos que nos dan consejos no lo hacen desde la superioridad, sino desde el aprendizaje obtenido a través de sus propios tropiezos.

No tengas miedo de equivocarte; es a través de esos momentos de dificultad donde realmente creces. La verdadera sabiduría se encuentra en aprender de los errores, no en evitarlos, y en usar esas lecciones para construir un camino más sólido hacia el futuro.

Cuando enfrentes un error o fracaso, no lo veas como un retroceso, sino como una oportunidad de crecimiento. La próxima vez que alguien te dé un consejo, recuerda que es probable que esa persona haya caminado un sendero lleno de aciertos y errores, y eso es lo que le da el valor de compartir su experiencia. Aprovecha cada tropiezo para aprender y evolucionar.

La sabiduría viene del recorrido, no de la perfección.

DIA 130

"Si te dijera que nombres todo lo que amas en esta vida... ¿Cuánto tiempo tardarías en nombrarte a ti mismo?".

- **Pensador anónimo**

A menudo nos enfocamos en el amor hacia los demás, en las cosas que valoramos o deseamos, pero rara vez nos damos cuenta de cuánto **debemos amarnos a nosotros mismos**. El amor propio no es egoísmo; es reconocer nuestra propia valía, cuidarnos, y entender que somos merecedores de todo lo bueno que la vida tiene para ofrecer.

Si nos olvidamos de amarnos a nosotros mismos, ¿cómo podemos esperar que el mundo nos ame de la misma manera? Es esencial que te pongas en primer lugar, que te valores y te des el tiempo y el espacio para crecer, sanar y ser feliz.

Hoy, haz una pausa y **pregúntate qué cosas amas de ti mismo**. Tal vez tu capacidad para escuchar, tu resiliencia o el simple hecho de estar aquí luchando día a día. **Dedica tiempo a cuidarte** y a reconocer lo valioso que eres. Solo cuando aprendas a amarte de verdad, podrás compartir ese amor de manera más auténtica con los demás. Recuerda que el amor propio es la base de todo: si no te pones a ti mismo en la lista de lo que amas, es difícil que encuentres plenitud en las demás áreas de tu vida.

DIA 131

"No puedes controlar el viento, pero puedes ajustar las velas".

- **Pensador anónimo**

La vida está llena de imprevistos, momentos que no podemos controlar y desafíos que surgen sin previo aviso. Pero lo que sí podemos controlar es cómo reaccionamos ante ellos. **No se trata de evitar las tormentas, sino de aprender a navegar a través de ellas.**

Las dificultades llegarán, pero lo importante es ajustar nuestra mentalidad, adaptarnos y seguir adelante con determinación. **El verdadero poder está en nuestra capacidad de respuesta**: cómo enfrentamos los problemas, cómo seguimos moviéndonos hacia adelante, incluso cuando las condiciones no son las ideales.

Cuando enfrentes adversidades, no te enfoques en lo que no puedes controlar. **En lugar de frustrarte por el viento que sopla en tu contra, ajusta tus velas**: cambia tu perspectiva, adapta tu enfoque y sigue buscando soluciones. La clave está en mantener la calma, confiar en tu capacidad de adaptación y recordar que, aunque no siempre puedas controlar las circunstancias, sí puedes elegir cómo responder ante ellas.

DIA 132

"¿Puedes ver lo infinito que eres?".

Takehiko Inoue

Esta pregunta es una invitación a reconocer tu inmenso potencial como ser humano. Eres mucho más de lo que piensas. Dentro de ti reside la capacidad de crecer, cambiar, sanar y transformar tu vida en cualquier momento. Somos seres infinitos porque nuestra capacidad de evolución no tiene límites.

El solo hecho de ser humano nos conecta con un poder interior tan vasto que muchas veces no logramos comprender completamente. Tienes dentro de ti la fuerza para superar obstáculos, para aprender de tus errores, para reinventarte una y otra vez.

Hoy, tómate un momento para reflexionar sobre todas las veces que has superado dificultades, cómo has cambiado y cómo has crecido a través de los años. Recuerda que cada desafío es una oportunidad para descubrir una nueva faceta de ti mismo. No te limites, ni te pongas barreras. Lo que eres ahora no es lo único que serás; tu potencial es infinito.

Así que comienza hoy a ver cada experiencia como un paso hacia la mejor versión de ti mismo.

DIA 133

"El cambio no llega cada 1 de enero, un lunes o un nuevo mes. El cambio llega cuando decides tomarlo".

- **Pensador anónimo**

El cambio no depende del calendario, ni de una fecha especial ni de una condición externa. El verdadero cambio sucede cuando tomamos la decisión de transformarnos, sin esperar a que el momento sea perfecto.

El único momento que tienes es ahora. Si deseas cambiar, empieza hoy, y verás que los pequeños pasos te llevarán hacia una nueva versión de ti mismo.

Debemos dejar de esperar a que una fecha especial nos impulse a actuar. Muchas veces pensamos que el cambio comienza con una nueva semana, mes o año, pero en realidad, lo importante es tomar la decisión hoy de hacer algo diferente. Puede ser desde mejorar un hábito pequeño, como levantarse más temprano, hasta dar pasos significativos en nuestras metas.

La clave está en la decisión: **el cambio real comienza cuando decides comprometerte con lo que deseas y tomar acción, sin posponerlo.**

DIA 134

"Tengo salud, tengo donde dormir, tengo que comer, tengo ropa para vestirme... no podría estar más bendecido".

- **Pensador anónimo**

A veces nos enfocamos tanto en lo que nos falta que olvidamos valorar lo que ya tenemos. Esta frase nos invita a poner en perspectiva las bendiciones diarias que a menudo damos por sentadas.

La verdadera abundancia está en apreciar lo esencial: la salud, un techo, comida y la ropa que nos cubre. Al ser conscientes de estas bendiciones, podemos encontrar paz y gratitud en el presente, sabiendo que ya somos ricos en lo que realmente importa.

Es importante practicar la gratitud diaria. En lugar de centrarnos en lo que no hemos logrado o en lo que nos falta, podemos hacer una pausa y reconocer todo lo que tenemos. Al hacerlo, cambiamos nuestra perspectiva y nos damos cuenta de que, *aunque siempre hay más por lograr, ya tenemos mucho por lo cual estar agradecidos.*

Practicar esta gratitud nos conecta con lo positivo y nos ayuda a sentirnos más satisfechos y en paz con nuestra vida.

DIA 135

"Los chistes quedan vacíos como las copas, las sonrisas se apagan como las luces, las mujeres huyen cuando no hay plata, la noche ya no es mi cuna y mi brújula se rompió como mi alma".

- **Gaspi**

Esta frase refleja un sentimiento de vacío y desesperanza cuando las cosas superficiales y materiales dejan de tener valor. Nos recuerda que, cuando nos alejamos de lo esencial, como el amor propio y el bienestar interior, todo lo demás pierde su propósito. El dinero, la apariencia y la búsqueda constante de placeres son solo parches temporales; lo que realmente necesitamos es encontrar un sentido profundo en nuestra vida, recuperar nuestra brújula interna y sanar nuestra alma.

Es esencial comprender que, aunque las riquezas y las apariencias pueden atraer y darnos satisfacción momentánea, el verdadero sentido de la vida viene de adentro. Si sentimos que algo nos falta, como un propósito o una conexión genuina, debemos reflexionar sobre nuestras prioridades. ¿Estamos buscando el bienestar y la paz interior, o estamos buscando validación externa? El dinero y las sonrisas pueden desaparecer, pero si cultivamos la autocomprensión y la fortaleza emocional, encontramos una guía que nos sostiene en los momentos difíciles. Es fundamental reconectar con lo que realmente nos hace felices y nos da paz, más allá de lo que el mundo externo pueda ofrecer.

MEMENTO MORI

DIA 136

"Sin dolor, no creces. Sin metas, no avanzas. Sin riesgo, no progresas. Sin disciplina, no cambias".

- **Pensador anónimo**

El crecimiento verdadero nunca es fácil, pero siempre es valioso. Esta frase nos enseña que el dolor, las metas, el riesgo y la disciplina son ingredientes necesarios para la transformación. Si evitamos el esfuerzo y los desafíos, no llegamos a nuestro potencial más alto. Aceptar estos elementos como parte del proceso nos permite avanzar con fuerza, superar nuestros límites y, al final, ver cómo nos convertimos en una versión más fuerte y capaz de nosotros mismos.

Es esencial entender que el dolor no significa fracaso, sino aprendizaje. Las dificultades nos enseñan lecciones que no podemos obtener de manera fácil o rápida. Las metas son lo que nos da dirección y nos motiva a seguir adelante, incluso cuando las cosas se ponen difíciles. El riesgo es necesario para salir de nuestra zona de confort y alcanzar nuevos logros, mientras que la disciplina es la clave para mantenernos enfocados y constantes en el camino hacia nuestras metas. Si en nuestra vida faltan alguno de estos componentes, nos quedamos estancados.

Para crecer y cambiar, debemos estar dispuestos a aceptar el desafío y la incomodidad como parte del proceso hacia nuestra evolución personal.

DIA 137

"Sabes que realmente amas a una persona, cuando ni siquiera la odias después de que te rompió el corazón".

- **Pensador anónimo**

El verdadero amor no se mide solo por los momentos felices, sino también por nuestra capacidad de perdonar y dejar ir el dolor. Cuando amamos de verdad, entendemos que las personas son humanas y cometen errores, y aunque el corazón se rompa, elegimos liberar el resentimiento.

Superar el dolor sin odio es una muestra de madurez emocional, y, aunque duela, nos permite sanar y seguir adelante sin cargar con un peso que nos impida ser felices.

Es importante practicar el perdón, no por la otra persona, sino por nuestra propia paz. El odio y el resentimiento nos anclan al pasado y nos impiden sanar.

Al elegir perdonar y liberar esos sentimientos negativos, nos damos la oportunidad de sanar más rápido y de avanzar sin que esa experiencia nos defina. Esto no significa que debamos olvidar lo que sucedió, pero sí aprender a liberarnos de los pensamientos y emociones destructivas. Aceptar la imperfección humana, tanto la nuestra como la de los demás, nos ayuda a sanar con compasión y a reconstruir nuestra vida desde el amor propio.

DIA 138

"Mi cuerpo me pide descanso, mi mente dinero, mi corazón un abrazo, pero soy un hombre así que me quedo callado y sigo avanzando".

- **Pensador anónimo**

Esta frase refleja esa lucha interna que todos enfrentamos cuando nuestras necesidades emocionales, físicas y mentales entran en conflicto con las expectativas sociales de "seguir adelante sin detenernos". El verdadero desafío es aprender a escuchar a nuestro cuerpo, mente y corazón sin sentir culpa por tomarnos un momento de pausa.

A veces, avanzar no significa seguir sin detenerse, sino saber cuándo es necesario tomar un descanso para cuidar de nosotros mismos y afilar la sierra. Cuando estás trabajando sin cesar, ya sea física, mental o emocionalmente, corres el riesgo de desgastarte. A menudo, las personas se enfocan tanto en sus responsabilidades, metas y tareas diarias que olvidan cuidar de sí mismas. Sin embargo, al igual que una sierra necesita ser afilada para ser más efectiva, nosotros necesitamos cuidar nuestra salud física, emocional y mental para mantener un rendimiento óptimo.

Esto implica tomarnos tiempo para descansar, reflexionar, aprender nuevas habilidades, y practicar el autocuidado. El descanso y la renovación no son solo un lujo, son una necesidad para seguir avanzando de manera efectiva en la vida, con energía, claridad y motivación.

DIA 139

"Dios sabe que las personas necesitan un héroe, gente valiente que se sacrifique, poniendo el ejemplo a todos. Todo el mundo ama a un héroe, se forman para verlos, aclamarlos, gritar su nombre, y con los años relatan cómo soportaron horas de lluvia sólo para ver al que les enseñó a resistir un segundo más. Me parece que hay un héroe en todos nosotros... Nos da fuerza, nos hace nobles, nos mantiene honestos. Y al final, nos permite morir con orgullo...".

- **May Parker**

May le explica a Peter, que, aunque ser un héroe no es fácil y puede ser doloroso, también tiene un propósito mayor: **ser un ejemplo para los demás, inspirando valentía y fuerza en tiempos de adversidad**. May le recuerda que **todos necesitamos un héroe** en nuestras vidas, alguien que nos enseñe a resistir, a ser valientes y a seguir adelante, incluso cuando todo parece en contra. **El sacrificio, la nobleza y el coraje son los valores que realmente hacen grande a una persona**.

Todos llevamos un héroe dentro, y no se trata de una capa ni de hazañas extraordinarias, sino de la capacidad de resistir, de sacrificar y de mantenernos firmes cuando más lo necesitamos. Este héroe no busca la fama ni la gloria, sino que inspira a otros simplemente con su ejemplo de valentía y honestidad. Ser un héroe no es solo una cuestión de grandes momentos, sino de cómo enfrentamos las pequeñas batallas de la vida con coraje y dignidad.

DIA 140

"A veces no queremos sanar porque el dolor es lo último que nos une con aquello que hemos perdido".

- **Pensador anónimo**

El dolor puede convertirse en un lazo con lo que hemos perdido, pero también en un ancla que nos impide avanzar. Aunque el dolor nos une a lo que amamos, aferrarnos a él sin soltarlo solo nos mantiene atrapados en el pasado.

Sanar requiere de valentía, de dejar ir aquello que ya no está, incluso cuando el recuerdo nos duele. Aferrarnos al pasado es como sostener una espada rota: no solo es inútil, sino que nos hace daño.

Para seguir adelante, debemos aprender a soltar y abrazar el presente, permitiéndonos sanar y crecer, dejando que lo que hemos perdido ocupe un lugar en nuestro corazón sin que defina nuestro camino.

"Dedicado a todo aquel que, por la ausencia, el dolor le parece un dulce recuerdo".

DIA 141

"Cuando un hombre siente el fin quiere saber que tuvo un propósito en la vida".

- **Marco Aurelio**

Marco Aurelio quien enfrenta la realidad de la mortalidad y la impermanencia de la vida recuerda que al final de nuestros días, lo único que realmente nos importará es si hemos vivido de acuerdo con un propósito significativo, y no solo en busca de placeres pasajeros o logros superficiales.

La búsqueda de propósito es inseparable al ser humano. Cuando enfrentamos nuestras limitaciones o el fin de nuestro camino, deseamos saber que nuestras acciones tuvieron un significado, que nuestras decisiones marcaron una diferencia. Marco Aurelio nos recuerda que la verdadera grandeza no radica en el éxito material, sino en vivir con un propósito claro y profundo que trascienda el tiempo.

Debemos reflexionar sobre lo que realmente nos motiva y nos llena de sentido. ¿Qué cosas hacen que nuestra vida valga la pena? ¿Cómo podemos alinear nuestras acciones con nuestros valores y principios? Al identificar lo que realmente importa para nosotros y actuar de acuerdo con eso, vivimos de manera más plena. No se trata de esperar a que llegue el fin, sino de construir una vida con propósito día a día.

DIA 142

"Has visto muchas cosas y no temes la muerte, pero algunas veces la deseas, ¿no es cierto? Eso les pasa a los hombres que han visto lo que hemos visto. Como las flores, vamos muriendo, reconocer la vida de cada sorbo de aire, de cada taza de té, de cada muerte. Ese es el camino del guerrero".

- **Katsumoto**

Katsumoto, un líder samurái, habla con el capitán Nathan Algren, quien se ha enfrentado a la muerte en numerosas ocasiones. Katsumoto, quien ha vivido una vida llena de conflictos, le habla sobre cómo la muerte no es algo que temer, sino algo inevitable. Para el guerrero, la verdadera sabiduría radica en aceptar la fragilidad de la vida y vivir con un propósito profundo, aprendiendo a encontrar belleza y paz incluso en las luchas más duras.

La vida, como la flor, es efímera, pero cada momento tiene un valor inmenso. Cuando enfrentamos el sufrimiento, la pérdida y la muerte, podemos sentirnos vacíos, pero es precisamente en estos momentos cuando debemos reconocer la belleza de lo que tenemos, en cada respiro, en cada pequeño gesto. La verdadera fuerza del guerrero no está en la lucha, sino en vivir plenamente, abrazando la fragilidad de la vida.

DIA 143

"No temo al hombre que ha practicado 10.000 patadas una vez, temo al hombre que ha practicado una patada 10.000 veces".

- **Bruce Lee**

Esta frase es atribuida a Bruce Lee, quien es conocido no solo por sus habilidades en las artes marciales, sino también por su filosofía de vida. Con esta reflexión, Lee destaca la importancia de la práctica intencionada y la maestría. En lugar de multiplicar las tareas o habilidades, el maestro es aquel que enfoca toda su energía en perfeccionar una sola cosa.

El verdadero poder no proviene de la cantidad de cosas que intentamos hacer, sino de la dedicación y maestría con la que perfeccionamos una sola acción. La verdadera fuerza se encuentra en la práctica constante, en la perseverancia, y en la habilidad de dominar lo que hemos elegido hacer. No subestimes el poder de la disciplina y el enfoque.

Debemos entender que el éxito no llega por hacer muchas cosas de manera superficial, sino por enfocarnos en lo que realmente importa y trabajar en ello de forma constante. La especialización, la consistencia y el esfuerzo son lo que te llevará más lejos que la dispersión y la falta de enfoque.

DIA 144

*"Prefiero morir como un hombre libre,
antes que vivir como un esclavo...".*

- **Temistocles**

Vivir sin ser dueño de nuestras decisiones, sin poder
elegir nuestro camino, es una forma de esclavitud. Esta
frase nos invita a valorar la libertad por encima de todo,
incluso cuando las circunstancias parecen limitarnos, y
nos recuerda que vivir auténticamente es un acto de
valentía.

En este contexto, Temístocles está dispuesto a sacrificar
su vida y luchar por la libertad de su pueblo en lugar de
someterse a la tiranía persa. La frase refleja la esencia de
la resistencia y el rechazo a la opresión, un principio clave
en las luchas históricas por la autonomía y la
independencia. Temístocles elige la muerte digna de un
hombre libre antes que vivir bajo el yugo de otro,
demostrando su valentía y su compromiso con la libertad
por encima de todo.

Aunque a veces las relaciones o las circunstancias o
nuestra rutina nos lleven a sentir que estamos "atados",
es crucial recordar que el verdadero poder viene de elegir
ser nosotros mismos, de tomar decisiones que reflejen
nuestras creencias y deseos más profundos, aunque eso
signifique enfrentarnos a dificultades o renunciar a algo
cómodo.

DIA 145

"Vacía tu mente, libérate de las formas, como el agua. Pon agua en una botella y será la botella, ponla en una tetera y será tetera. El agua puede fluir o puede golpear. Se agua, amigo mío".

- **Bruce Lee**

La flexibilidad y la adaptabilidad son claves para vivir con paz y sabiduría. Al igual que el agua, que se ajusta a cualquier recipiente, nosotros también debemos aprender a liberarnos de las limitaciones mentales y emocionales que nos imponen las formas rígidas.

La verdadera fuerza está en nuestra capacidad para fluir con las circunstancias, adaptarnos y responder con serenidad.

Necesitamos entrenar nuestra mente para ser más flexible y abierta. No se trata de aferrarse a formas preestablecidas de pensar, de reaccionar o de vivir. En lugar de luchar contra lo que no podemos cambiar, debemos aprender a adaptarnos, a fluir con las situaciones, y a encontrar soluciones que nos permitan avanzar sin resistirnos a todo lo que se nos presenta. Esta actitud de "ser agua" nos permite enfrentar los retos de manera más efectiva, sin perder nuestra esencia ni quedar atrapados en la rigidez del pensamiento.

DIA 146

"No te ahogues en un vaso de agua".

- **Pensador anónimo**

A menudo, nos dejamos consumir por los pequeños problemas, dándoles más peso del que realmente tienen. Esta frase nos recuerda que, aunque los desafíos sean reales, no debemos dejar que nos ahoguen. La vida es demasiado valiosa para perderla en preocupaciones insignificantes. Aprende a ver las dificultades con perspectiva y a no agrandar lo que, al final, es solo una pequeña parte del panorama.

Es importante aprender a tomar distancia de los problemas pequeños. Cuando algo te preocupa, respira profundamente, haz una pausa y evalúa si realmente es algo que merezca tanto de tu energía. Pregúntate si dentro de un año, incluso un mes, te importará tanto.

En lugar de ahogarte en las preocupaciones cotidianas, enfócate en lo que realmente importa y en lo que puedes controlar. Esto te permitirá mantener la calma y actuar con claridad en lugar de sentirte abrumado por las pequeñas adversidades.

DIA 147

"Todos vamos a morir. Infelizmente no podemos elegir el modo, pero si podemos decidir cómo encarar ese final".

- **Próximo**

Próximo, habla con él y sus compañeros gladiadores, recordándoles que la muerte es inevitable, pero que lo importante no es cómo llega, sino cómo eligen enfrentarla.

La frase refleja la filosofía de los gladiadores, que, a pesar de su destino incierto y brutal, deciden vivir y pelear con dignidad y honor.

La muerte es una realidad que no podemos evitar, pero nuestra respuesta a ella es lo que define nuestra vida. Aunque no podamos controlar cómo llegará nuestro final, *sí podemos elegir cómo vivir cada día y cómo enfrentamos nuestros desafíos*.

Vivir con coraje, honor y propósito nos permite afrontar cualquier adversidad, incluidos los momentos más oscuros, con dignidad.

DIA 148

"Estoy cansado de ser fuerte".

- **Pensador anónimo**

A veces, la vida nos exige tanto que llega un momento en que nos sentimos agotados de mantener la fortaleza. La frase "Estoy cansado de ser fuerte" expresa ese sentimiento de fatiga emocional y mental que todos experimentamos. Sin embargo, reconocer ese cansancio es un acto de valentía y humanidad. No se trata de rendirse, sino de comprender que ser fuerte no significa estar siempre impecable, sino tener el coraje de admitir nuestras vulnerabilidades. La verdadera fuerza radica en saber cuándo detenerse, respirar y recargar energías para seguir adelante.

Esta frase nos invita a ser más humanos y a reconocer que no siempre podemos llevar todo el peso del mundo sobre nuestros hombros. En la vida cotidiana, es fundamental aprender a pedir ayuda, a tomar descansos y a escuchar nuestras emociones. Ser consciente de cuándo estamos al límite nos permite cuidarnos y evitar el desgaste emocional.

Aplicar esto significa practicar el autocuidado, hacer pausas cuando lo necesitemos y rodearnos de personas que nos apoyen. Solo de esa forma, podremos seguir siendo fuertes.

DIA 149

"Lo más importante es siempre creer en uno mismo, pero una pequeña ayuda de los demás es una gran bendición".

- **Iroh**

Iroh es conocido por ser un mentor sabio y cariñoso. A lo largo de su vida, Iroh enseña la importancia del autoconocimiento y la fuerza interior, pero también destaca que el camino no debe recorrerse solo. A través de su relación con su sobrino, Iroh muestra cómo el amor y el apoyo de otros pueden ayudar a superar los momentos de duda y desesperación, permitiéndonos crecer y alcanzar nuestro verdadero potencial.

Creer en uno mismo es la clave para superar cualquier obstáculo que la vida nos ponga enfrente. Sin embargo, no debemos olvidar que a veces el camino se hace más ligero cuando aceptamos el apoyo de los demás. La verdadera sabiduría radica en entender que, aunque la fortaleza interior es esencial, el apoyo mutuo nos da esa chispa extra para seguir adelante.

A veces, esa pequeña ayuda de alguien más puede ser lo que nos permite creer aún más en nosotros mismos.

DIA 150

– "Dígame como murió".

– "Le diré como vivió".

-   **Emperador Meiji & Nathan Algren**

Nathan Algren, un capitán estadounidense, es testigo de la vida y la muerte del samurái Katsumoto. En una conversación con el emperador Meiji, este le muestra que lo que importa no es cómo mueren las personas, sino cómo han vivido. La frase encapsula la esencia de los samuráis, quienes valoraban profundamente el honor, el sacrificio y la disciplina a lo largo de su vida.

La forma en que vivimos es lo que realmente define nuestra existencia, mucho más que el momento final. Esto nos recuerda que lo importante no es cómo terminamos, sino cómo elegimos vivir cada día.

La verdadera medida de una vida no está en el final, sino en las acciones, decisiones y valores que cultivamos a lo largo de ella. Vivir con propósito y honor es lo que deja una huella duradera en el mundo, mucho más allá de nuestra última despedida.

MEMENTO MORI

DIA 151

"Hay dos clases de dolor. Dolor que hiere y dolor que cambia".

- **Robert Mcall**

McCall, un hombre que busca redención, ve el dolor no como un obstáculo, sino como una oportunidad para cambiar y luchar por lo que es correcto. La frase destaca la capacidad humana para superar el sufrimiento, eligiendo que este nos impulse a un futuro más fuerte y con propósito.

El dolor es inevitable, pero no todo dolor es igual. Hay uno que nos hace sentir derrotados, que nos paraliza, y otro que, aunque intenso, tiene el poder de transformarnos. El dolor que cambia nos desafía a crecer, a aprender y a encontrar nuestra fuerza interna. En lugar de ver el dolor solo como sufrimiento, podemos verlo como una oportunidad para evolucionar y fortalecer nuestro carácter.

No es fácil, pero cuando abrazamos este tipo de dolor, nos damos la oportunidad de convertirnos en una versión más resiliente y sabia de nosotros mismos.

"En realidad, la gente necesita tocar fondo para cambiar"

– Fiódor Dostoyevski

DIA 152

"Todo lo que se necesita es un mal día para convertir al hombre más cuerdo del mundo en un lunático".

- **Joker**

El Joker, quien fue una víctima de la sociedad y las circunstancias, refleja cómo el caos y el sufrimiento pueden hacer que incluso la persona más racional y equilibrada pierda el control. La frase subraya cómo el dolor, el aislamiento o las experiencias traumáticas pueden afectar la salud mental de cualquier persona, independientemente de su estabilidad.

A veces, todo lo que se necesita es un solo día difícil, una sola experiencia que nos saque de nuestro equilibrio, para ponernos a prueba y mostrar el límite de nuestra resistencia.

La frase del Joker nos recuerda lo frágiles que somos como seres humanos, y cómo los eventos inesperados pueden alterar nuestro sentido de la cordura. Sin embargo, esta vulnerabilidad no debe asustarnos, sino que debe hacernos más conscientes de la importancia de cuidar nuestra salud mental y emocional, y de ser compasivos con los demás, porque nadie sabe realmente lo que otro está viviendo.

DIA 153

"Felicidades. Todavía estás vivo. La mayoría de la gente es tan desagradecida de estar viva. Pero no tú. Ya no".

- **Jigsaw**

A veces, la vida nos presenta desafíos tan grandes que olvidamos el valor fundamental de simplemente estar vivos. La frase de Jigsaw nos sacude para que apreciemos lo que tenemos: la oportunidad de seguir adelante.

Aunque la vida puede ser difícil, cada día que vivimos es un regalo, y cada respiración es una razón para agradecer. No se trata de esperar la perfección o la ausencia de problemas, sino de valorar el simple hecho de que tenemos la posibilidad de cambiar, crecer y seguir luchando.

Esta frase nos invita a reflexionar sobre la gratitud y la importancia de reconocer lo que realmente importa. A menudo, estamos tan enfocados en lo que nos falta o lo que no hemos alcanzado, que olvidamos apreciar lo que ya tenemos. Practicar la gratitud diaria es una forma práctica de aplicar esta reflexión a nuestra vida. Dedicar unos minutos cada día para agradecer por lo que tenemos, por las personas que nos rodean y por la oportunidad de seguir adelante, puede ayudarnos a cambiar nuestra perspectiva y a encontrar fuerza incluso en los momentos más difíciles.

DIA 154

"Es importante adquirir el conocimiento de diferentes pensamientos, opiniones y puntos de vista. Si lo haces desde uno solo, te vuelves rígido y tedioso. Si entiendes al resto, serás alguien completo".

- **Iroh**

La riqueza de nuestra vida no reside solo en nuestras propias creencias, sino en la capacidad de abrirnos a diferentes pensamientos y perspectivas. Al adoptar una mentalidad flexible y aprender de aquellos que piensan de manera diferente, nos volvemos más completos, más empáticos y más sabios.

El verdadero crecimiento ocurre cuando no nos cerramos a lo que no entendemos, sino que buscamos comprender el mundo a través de los ojos de otros. Es solo entonces cuando logramos una visión más amplia y enriquecida de la vida.

Es fundamental buscar la diversidad de opiniones y aprender a respetar las diferencias, ya que nos ayuda a ser más adaptables y completos como individuos.

DIA 155

"Los árboles dejan caer sus hojas en otoño, quizá para recordarnos que soltar no significa perder, sino prepararse para volver a florecer".

- **Pensador anónimo**

Al igual que los árboles sueltan sus hojas en otoño sin temor, nosotros también debemos aprender a soltar lo que ya no nos sirve: ideas, miedos, relaciones o hábitos que nos pesan. Soltar no es perder, es hacer espacio para un nuevo crecimiento.

Así como el árbol, al dejar ir lo viejo, se prepara para renovarse y florecer nuevamente, nosotros también debemos confiar en que, al liberarnos de lo que nos limita, estamos dándonos la oportunidad de evolucionar y alcanzar nuevas alturas.

No se trata de perder, sino de hacer espacio para el crecimiento y la renovación. Es clave reconocer que, cuanto más tiempo te quedes aferrado a lo que te frena, más difícil será avanzar, como en la metáfora del tren equivocado: ***"Cuanto más tiempo te quedes en el tren equivocado, más caro será el viaje de regreso a casa".***

La transformación lleva tiempo, pero cada paso que des en la dirección correcta te acerca más a tu propósito y a tu verdadera paz.

MEMENTO MORI

DIA 156

"Tengo la teoría de que cuando uno llora, nunca llora por lo que llora, sino por todas las cosas por las que no lloró en su debido momento".

- **Mario Benedetti**

A veces, nuestras lágrimas no solo son por el dolor que sentimos en el presente, sino por todo lo que hemos guardado dentro durante mucho tiempo. Las emociones no expresadas se acumulan, y cuando finalmente estallan, es como si estuviéramos llorando por todas las veces que no nos permitimos ser vulnerables y honestos con nosotros mismos. La verdadera liberación está en aprender a sentir, a soltar lo que nos pesa, sin esperar a que sea demasiado tarde.

Es importante darte permiso para sentir en el momento adecuado. No guardes lo que te duele o lo que te afecta; expresar tus emociones te ayuda a liberarte. Si sientes que algo te pesa, no esperes a que sea demasiado tarde para confrontarlo. Practica la autoaceptación, reconociendo que está bien llorar y que cada emoción es válida, somos humanos, lo importante es seguir adelante.

Al soltar lo que has estado guardando, crearás un espacio para la paz y para poder avanzar.

DIA 157

"Así como hay cosas que pasan por algo,
hay cosas que por algo no pasan".

- **Pensador anónimo**

La vida está llena de momentos en los que deseamos que algo ocurra, pero cuando no sucede, a veces nos sentimos frustrados o desilusionados. Sin embargo, el hecho de que ciertas cosas no se den en el momento que esperábamos puede ser una bendición disfrazada.

Quizás no es el momento adecuado, o algo mejor está por llegar. Debemos confiar en el flujo natural de la vida, entender que algunas puertas que no se abren son una señal de que hay algo más grande esperando por nosotros.

Lo que no sucede por algo, a veces es el camino hacia algo aún más significativo.

DIA 158

"Nunca debes rendirte a la desesperación. Si te permites ir por ese camino, te rendirás a tus instintos más bajos. En tiempos oscuros, la esperanza es algo que te das a ti mismo. Ese es el significado de la verdadera fuerza interior".

- **Iroh**

En los momentos más oscuros de la vida, cuando la desesperación parece tomar el control, debemos recordar que la verdadera fuerza está en elegir no rendirnos. La esperanza no siempre llega de manera externa, sino que la creamos dentro de nosotros mismos.

Es fácil enfocarse en lo negativo, pero cuando buscamos la luz, incluso en medio de la oscuridad, encontramos la fuerza para seguir adelante.

La forma en que elegimos ver el mundo define nuestro camino. Si nos centramos en la luz, aunque pequeña, será suficiente para guiarnos, mientras que, si nos quedamos en la oscuridad, esa será nuestra realidad. La clave está en elegir la esperanza y la perspectiva positiva, porque eso nos da el poder de superar cualquier adversidad.

"Si buscas la luz, a menudo podrás encontrarla... pero si buscas la oscuridad, es todo lo que verás siempre".

DIA 159

"No arruines el presente llorando por un pasado que ya no tiene futuro".

- **Pensador anónimo**

El pasado es un capítulo que ya ha sido escrito y no podemos cambiarlo. Lamentarnos por lo que ya fue solo nos impide vivir plenamente el presente. *Cada día que pasamos aferrados a lo que ya no tiene futuro, estamos robándonos la oportunidad de disfrutar de lo que está frente a nosotros.*

La verdadera sabiduría está en soltar lo que nos duele y aprender a vivir con gratitud por lo que tenemos ahora.

No dejes que los fantasmas del ayer empañen la belleza del hoy, porque cada momento es una nueva oportunidad para escribir una historia diferente.

Si sientes que el pasado te sigue persiguiendo, permítete cerrar ese capítulo con aceptación, sabiendo que el presente es lo único que realmente importa. Deja ir lo que te pesa y abre espacio para nuevas experiencias y aprendizajes. **Tu felicidad depende de lo que elijas hacer con el presente, no con lo que ya se fue.**

DIA 160

"Recojan rosas mientras puedan".

- **John Keating**

Carpe Diem = Vive el momento.

La vida es efímera y el tiempo, imparable. "Recojan rosas mientras puedan" nos recuerda que, si no aprovechamos el presente, corremos el riesgo de dejar pasar las oportunidades que jamás volverán.

El concepto de "Carpe Diem" es más que un lema, es una invitación a vivir plenamente, a no postergar nuestros sueños ni nuestros sentimientos. Cada momento es un regalo, y la conciencia de que todo es temporal nos impulsa a exprimir la vida al máximo. En lugar de quedarnos atrapados en el miedo o las dudas, debemos tomar acción hoy, con valentía y pasión, porque no sabemos cuántas oportunidades tendremos mañana.

Tempus Fugit = El tiempo vuela.

El tiempo se nos escapa mientras nos distraemos con mil asuntos y preocupaciones. Debemos reflexionar sobre lo efímera que es nuestra existencia y la importancia de disfrutar el camino, sin llegar al final sin haber vivido plenamente. Cada día es una oportunidad, así que pon lo mejor de ti en cada acción. Aprovecha cada oportunidad que se cruce en tu camino, recuerda que la verdadera riqueza está en vivir intensamente el presente, porque ese es el único momento que verdaderamente tenemos.

MEMENTO MORI

ADVERTENCIA !!!

Lo que a continuación leerás son palabras directas, duras y, en muchos casos, crueles. Este no es un espacio para aquellos que buscan consuelo o justificación para su debilidad. Este espacio va enfocado a los hombres ya que nosotros solemos motivarnos de manera diferente a las mujeres... Si eres un hombre que no está listo para enfrentar la verdad sin adornos, para mirar las dificultades de la vida de frente sin excusas, entonces te sugiero que dejes estas palabras a un lado.

Estas frases pueden ser el catalizador para el cambio, un empuje para levantarte, enfrentarte a ti mismo y superar lo que te limita, pero también tienen el poder de desmoronar a aquellos que no están preparados para recibirlas. Son como un espejo que refleja lo que somos, sin filtros, sin compasión. Si tienes la mente fuerte y estás dispuesto a desafiarte, a confrontar las duras realidades de tu vida, entonces estas palabras pueden ser justo lo que necesitas para empezar a avanzar.

Pero si tu mente es débil, si prefieres las mentiras cómodas a la verdad incómoda, estas frases podrían ser más de lo que estás dispuesto a soportar y podrían dejarte aún más hundido en la mediocridad de tu propio conformismo. No te equivoques: estas palabras no están aquí para suavizar el camino, sino para desatar la fuerza que tienes dentro o, si no estás listo, para mostrarte cuánto te falta para alcanzar la grandeza.

DIA ?

Escucha bien, porque esto no va a ser fácil...

¿Crees que el mundo te debe algo? ¡No te debe nada! Estás aquí porque tú lo has decidido. Nadie va a venir a salvarte. Si no te levantas ahora, si no tomas el control de tu vida, nadie más lo hará por ti.

¿Qué demonios estás esperando? ¡Deja de quejarte, deja de culpar a otros, y empieza a trabajar para lo que quieres!

¿Te crees mejor que los demás porque te sientes derrotado? ¡Eso es solo debilidad! Todos hemos tenido nuestros golpes, pero el verdadero hombre, el que tiene agallas, se levanta y sigue adelante, sin importar lo que le digan o lo que le pase.

Si no tienes lo que hay que tener, entonces retrocede, pero si estás aquí para luchar, entonces demuestra que tienes lo que se necesita para ganar.

DIA ??

Ser un hombre es guerra. La vida te va a golpear con dolor, desamor y fracaso, y los hombres no lloran por eso. Los hombres se levantan. Los hombres luchan.

Cuando la vida te golpea en la cara, no te quedas sentado como un perdedor. Contraatacas más fuerte con cada lucha. Cada caída es combustible que enciende tu sangre en fuego.

La puta vida te está probando, haciendo una pregunta: ¿De qué carajo estás hecho? Si te desmoronas, pierdes. Si te levantas, ganas, cabrón.

El dolor no es tu enemigo, es tu arma. Las víctimas se quedan abajo. Los ganadores conquistan. Los hombres de verdad resuelven problemas. Sentirte estancado es cosa tuya. Si quieres una vida mejor, cierra la puta boca y actúa. Métete en el gimnasio, construye tu imperio, protege a tu gente. Eso es lo que hacen los hombres.

Tus antepasados no lucharon guerras, pasaron hambre y se abrieron camino a través del infierno solo para que tú te sentaras aquí quejándote como un puto débil. Te entregaron herramientas para dominar, para levantarte.

Hace dos siglos, la gente se enfrentaba a la muerte cada día solo para sobrevivir, y tú estás llorando porque la vida es un poco dura. Eso es una jodida debilidad, y la debilidad es una elección. Tus antepasados lucharon para que tú tuvieras la oportunidad. No la desperdicies. Sé el hombre con el que soñaron. El hombre que tu familia necesita. Sin lástima, sin excusas.

Las bendiciones no caen sobre los perezosos ni los débiles. Dios recompensa a los que se esfuerzan, a los que sangran, sudan y se sacrifican por el éxito.

La mayoría de la gente son unos putos farsantes, fingiendo el ajetreo, mintiéndose a sí mismos.

Empiezas sin nada y a nadie le importas una mierda hasta que te conviertes en alguien digno de respeto. Las mujeres reciben atención solo por aparecer, esa es la realidad. Pero en lugar de quejarte por eso, date cuenta de esto: es tu máxima ventaja.

Tú puedes crearte a ti mismo desde cero.

Si quieres ser rico, musculoso y respetado, bien, ve a hacer que suceda, cabrón. La vida es como un videojuego. Tú eres el personaje que sube de nivel. Cada esfuerzo, cada noche de trabajo, una pizca de esfuerzo construye a la bestia dentro de ti. Y aquí está la parte loca: tú tienes el poder de convertirte en quien putas quieras. Despierta mañana y declara: "Voy a ganar". Luego trabaja como si tu vida dependiera de ello. Eso es lo que hacen los ganadores. No esperan la oportunidad, la toman.

DIA ???

El problema con la mayoría de hombres es que no entienden la constancia. Se esfuerzan una vez, tal vez dos, y luego lloran porque nada está cambiando.

El éxito no se trata de talento o suerte, se trata de un esfuerzo implacable y despiadado, día tras día, durante años. Los ganadores trabajan más que los perdedores, cada vez. Y la peor parte: algunos de ustedes piensan que se están esforzando, pero son unos blandos de mierda. Mientras tanto, los verdaderos asesinos están ahí fuera, trabajando 10 veces más que ustedes, esforzándose como si sus vidas dependieran de ello.

Esa es la mentalidad que separa a los campeones de los perdedores. Tienen conocimiento, pero no hacen nada. Eso es cosa suya. La gente se queja de ser miserables, pero la verdad es que están cómodos en su mediocridad. Si realmente lo odiaran, harían algo al respecto, pero no. Prefieren quedarse en el promedio. Por eso pierden, jodidamente. Un hombre de verdad enfrenta el fuego, el verdadero dolor, reveses, sacrificio. Dios no da un camino fácil. El da desafíos para forjarnos como un arma.

Por eso no respeto las excusas. Si no estás dispuesto a sufrir por tus sueños, no llores cuando tu vida sea basura. Tienes el poder, pero si eres demasiado débil o demasiado blando para usarlo, eso es cosa tuya hermano. Ser un hombre es un puto privilegio. Tú puedes construir todo sobre ti mismo. Mi éxito, mi disciplina, mi confianza... me gano cada jodida parte de ello.

La gente pide atajos y me río en sus caras. ¿Por qué debería ser fácil? La lucha es la recompensa. Hace que el éxito signifique algo.

El dolor no es tu enemigo, es tu jodido aliado. El crecimiento no viene de la comodidad, viene de la adversidad. Mira la historia. Los hombres más fuertes no vivieron vidas fáciles. Lucharon batallas, soportaron dolor y se convirtieron en jodidas leyendas. Por eso los recordamos. El dolor es combustible, el fracaso es una lección. Cada golpe que he recibido me hizo más fuerte, y estoy agradecido por todo ello. Tú también deberías estarlo.

Mira hacia atrás en tu vida. Sé honesto: las únicas veces que te convertiste en un salvaje y te transformaste en una jodida máquina imparable, fueron cuando la vida te golpeó en la cara. Cuando tu corazón se hizo añicos, tu cuenta bancaria llegó a cero y pensaste que no podías hundirte más. Ahí es cuando activas el jodido interruptor. Pero cuando la vida es buena, cuando la chica está enviando mensajes de texto, las facturas están pagadas y estás navegando, te ablanda.

Navegar no construye imperios. Los hombres que me leen suben de nivel. ¿Sabes por qué? Porque digo la verdad. No estoy aquí para acariciar tu ego o alimentarte con "está bien tomarlo con calma". Basura. No.

No hay excusas. No hay soluciones rápidas. No hay mentiras endulzadas. Los antidepresivos no salvarán tu vida. Sabes que lo hará: dar un paso al frente y convertirte en el hombre que estás destinado a ser. Ahí es donde está tu poder, hermano.

Los hombres están programados para dominar. Está en tu jodido ADN. Mira la historia. ¿Por qué los romanos se levantaban, forjaban armas y marchaban a la batalla? Porque fueron construidos para conquistar. Gengis Kan no se sentó a quejarse de la equidad. Quemó reinos enteros y tomó lo que era suyo.

Eso es lo que significa ser un hombre: ganar, tomar, poseer, jodidamente. Pero la sociedad te quiere débil. Te lavaron el cerebro para que pienses que la fuerza es tóxica. A la mierda con eso. No fuiste puesto en esta tierra para andar de puntillas como un niño pequeño y blando. Fuiste hecho para esforzarte, dominar, elevarte, ya sea construyendo tu imperio, machacando en el gimnasio o destruyendo tus metas.

Tu misión está clara: sin disculpas, sin excusas, solo resultados.

MEMENTO MORI

DIA ????

Te sientes perdido, miserable, como si la vida no tuviera sentido. Eso es porque te has vuelto jodidamente blando. Estás estancado, a la deriva por la vida sin un propósito.

Un hombre sin una misión ya está muerto por dentro. La felicidad no viene de quedarse sentado; se encuentra en el ajetreo, en el esfuerzo, en la guerra para ganar.

Los hombres de verdad dan el 100% sin pausas, sin excusas. La mayoría de hombres ni siquiera saben cómo es el 100%. Dan un esfuerzo mediocre y luego se preguntan por qué su vida es basura. Los ganadores van con todo en cada maldito día. Dios no recompensa a los débiles; recompensa a los jodidos esforzados.

La vida es una pelea, y si no estás rindiendo, estás perdiendo. No tienes el coche, la casa o el estilo de vida que quieres. Eso es cosa tuya. No te estás esforzando lo suficiente y no estas sacrificando nada. Deja de culpar al mundo, deja de llorar y ponte a trabajar. La mayoría de ustedes no están ganando por pereza o arrogancia.

Estás perdiendo mucho tiempo viendo Netflix en tu TV compulsivamente mientras que alguien más está ahí fuera esforzándose 18 horas al día.

¿Te estás quejando porque es difícil? Despierta, cabrón. Este juego no es para los débiles. Mientras tú duermes, otros están trabajando. Mientras tú te relajas, otros están acumulando victorias. Por eso están adelante y tú no.

Y la arrogancia, eso es aún peor. Piensas que te estás esforzando mucho, pero si revisara tu horario, vería que estás perdiendo horas en cosas inútiles. No estás cansado, solo eres jodidamente blando. O lo quieres o no. Los ganadores se esfuerzan; los perdedores ponen excusas. ¿Cuál eres tú? Deja de fingir, deja de mentirte a ti mismo. Los verdaderos esforzados estamos aquí trabajando 20 veces más duro que tú, y aun así se castigan por no hacer lo suficiente. Eso es lo que se necesita para ganar. Mientras tanto, tú estás dando un esfuerzo mediocre y preguntándote por qué tu vida se está desmoronando.

Ser normal hoy es una jodida trampa. Apegarte a tu trabajo de nueve a cinco apunta a una vida promedio, segura. Y esto es lo que viene: tu esposa te deja, tu jefe te machaca, y terminas scrolleando en Instagram cada noche preguntándote dónde salió todo mal.

Despierta, cabrón. Las reglas han cambiado. O te adaptas, te esfuerzas y dominas, o serás aplastado.

¿A qué jodidamente le tienes miedo? Todos sienten miedo. Lo he mirado a los ojos más veces de las que puedo contar, y adivina qué: aun así, me levanté y me encargué de mis asuntos.

El miedo no es una razón para paralizarse; es una jodida señal para presionar más fuerte.

Estrés, presión, ansiedad: todo es parte del esfuerzo. No puedes manejarlo, ¿bien? Quédate quebrado, quédate en el promedio, quédate invisible.

El mundo no espera tus excusas, hermano. Esos sentimientos que estás evitando—miedo, estrés, ansiedad—ahí es donde ocurre la jodida magia. Ese es tu combustible. La vida no se supone que sea fácil.

Cuando estás navegando, perdiendo el tiempo, persiguiendo dosis baratas de dopamina, te estás muriendo. El crecimiento ocurre cuando la vida te golpea en la cara, cuando la presión está encendida, cuando sientes que todo el mundo se está desmoronando.

La vida de un hombre lleva dolor, su vida lleva sufrimiento. Acéptalo o quédate jodidamente blando. Los ganadores abrazan lo difícil. Si crees que alguien está aquí para tomarte de la mano, yo no lo estoy. La vida es una pelea, y es mejor que aprendas a dar golpes.

¿Cómo mejoro? ¿Cómo puedo ganar?

Esa mentalidad es lo que nos hace imparables. A nadie le importa una mierda tu éxito. ¿Por qué debería importarle a alguien más? Tienes una oportunidad en esta vida, una, y la estás desperdiciando jodidamente.

DIA ?????

Si estás quebrado, te falta algo: disciplina y las agallas para admitir que no estás poniendo el trabajo. Punto.

Deja de mentirte a ti mismo.

Pregúntate: ¿realmente me estoy esforzando? ¿Estoy aprendiendo de personas que lo han hecho? Si la respuesta es no, ahí está tu problema. Arréglalo o quédate atascado. ***Nadie va a venir a salvar tu trasero perezoso.***

El éxito no es un regalo; la riqueza no es magia. Se forjan a través del dolor, el sudor y un esfuerzo implacable. Ese es el precio de la admisión. Sin atajos, sin excepciones.

Pero aquí está la cuestión: todo ese sufrimiento no significa una mierda si no sabes para qué estás trabajando. ¿Cuál es tu objetivo final? La mayoría de las personas nunca se preguntan eso, y es exactamente por eso que fallan.

¿Alguna vez le preguntaste a un tipo musculoso cómo se puso en forma? Él no se encoge de hombros y dice que simplemente sucedió. No, él te dirá que tenía un plan, una dieta estricta, levantamiento de pesas, disciplina diaria. Lo mismo con la riqueza. Las personas ricas no tienen suerte; tienen una visión, un plan y el impulso para ejecutarlo.

Tú estás a la deriva, preguntándote por qué nada funciona. ¿Quieres ponerte musculoso? Come limpio, entrena duro y mantén la constancia. ¿Quieres hacerte rico? Construye un plan, ejecútalo como si tu vida dependiera de ello y abraza el esfuerzo.

Ya sea que quieras presumir en Instagram o ser dueño del juego en silencio, _**la fórmula es la misma: trabaja más que todos, enfrenta el dolor y sigue jodidamente adelante.**_

Y no me hables de tus sueños si aún no los has diseñado. ¿Cómo se ve tu vida ideal? ¿Qué casa? ¿Qué coche? ¿De qué color son los asientos de cuero? ¿Puedes describir eso ahora mismo? Conoce el costo hasta el último dólar. Si no lo haces, no te tomas en serio el éxito.

No puedes alcanzar un objetivo que ni siquiera has definido. Hermano, aquí está la cosa: quiero que ganes, cabrón.

Los ganadores ganan porque se esfuerzan; los perdedores siguen siendo perdedores porque se niegan a actuar. Es así de simple. **¿Quieres saber qué separa a los hombres de los niños? Dolor, lecciones, trauma.** Cuanto más soportas, más fuerte te vuelves. Los mejores hombres de este planeta todos han pasado por el infierno. El trauma te construye o te destruye, y la elección es 100% tuya. Yo estoy agradecido por cada onza de lucha, cada noche sin dormir, cada desamor, cada revés. Me afilo en quien soy hoy.

MEMENTO MORI

DIA ??????

Cuando estás verdaderamente hambriento, cuando estás enfadado con tu situación, no puedes dormir mientras otros están soñando.

Tú estás esforzándote. Esa es la ventaja.

Cada momento difícil es combustible. Solo tienes que saber cómo jodidamente usarlo. Déjame dejar esto claro: estoy hablando con hombres. El trauma afecta a las mujeres de manera diferente. Las perjudica en formas que no les sirven. Las mujeres prosperan cuando son suaves, protegidas y femeninas. Pero los hombres somos forjados en el fuego. La vida nos golpea, y o nos elevamos o nos desmoronamos. Así que cuando alguien se queja conmigo de lo dura que es la vida, ¿sabes lo que digo? Bien, sí, bien.

El dolor es donde ocurre el crecimiento. La lucha es la forja. La comodidad te debilita; las dificultades te hacen una bestia. Piensa en los mayores cambios de tu vida. ¿Ocurrieron cuando las cosas eran fáciles o cuando todo se vino abajo? ***Desamor, fracaso, tocar fondo. Ahí es cuando te mueves.*** Ahí es cuando creces. El trauma no es un revés; es un truco. Úsalo. Elévate por encima de él.

Cuando la vida te golpee duro, no te achiques. Levántate y di: "Bien, vamos".

DIA ??????

La mayoría de hombres hoy en día ni siquiera son verdaderamente infelices. Simplemente se sienten cómodos siendo mediocres. Se quejan de su vida, pero en el fondo están bien con ello. Un tipo jugando videojuegos todos los días no es miserable; simplemente está bien perdiendo la mitad de su vida como en ello. Si realmente lo odiara, se levantaría y cambiaría eso.

La vida se supone que no es rápida o fácil. ¿Crees que mereces un six-pack en 30 días? Sé realista. ¿Por qué tiene que ser rápido? ¿Por qué no puede ser difícil? ¿Por qué no puede doler? Eso es lo que lo hace valioso. Si todos tuvieran six-packs o millones de dólares, nada de eso significaría algo. El esfuerzo, la lucha, el dolor: eso es lo que le da significado. Así que ***deja de quejarte, abraza la dificultad y gánate tu lugar. La vida es dura; está destinada a hacerlo.***

El valor de cualquier cosa que valga la pena tener está ligado a lo difícil que es obtenerla. ¿Quieres grandeza? Más te vale estar listo para sangrar por ella. El problema es que demasiados de ustedes están obsesionados con los atajos. Lo rápido y fácil es por lo que su vida es un desastre. El hecho de que incluso estés pensando en trucos me dice que estás conectado de manera incorrecta. El éxito no se trata de atajos; se trata de soportar el esfuerzo.

Sí, va a apestar. Sí, va a doler. Pero por eso importa. Te abres paso, sobrevives al fuego, y la gente te respeta porque saben que te lo ganaste.

Demonios, ¿por qué querrías que el éxito fuera rápido y fácil? ¿Qué dice eso de ti? Si alguien te lo entregara, nadie lo respetaría, y en el fondo, tú tampoco lo respetarías.

Llámame arrogante, llámame engreído, no me importa... pero sabes qué: nunca me llamarás un desertor.

Cuando las cosas se ponen difíciles, debes seguir adelante. Eso es lo que te separa del 99% de las personas que están ahí fuera llorando sobre lo injusta que es la vida. Hinchan sus pechos, actúan como si lo tuvieran resuelto, y luego descartan cualquier cosa que los desafíe. Eso es una estafa. Mientras tanto, se están quejando por perder un cambio en el bolsillo como si fueran una especie de genio. Sé realista. La mayoría de ustedes quieren pasar directamente a trabajar de manera inteligente sin haber puesto nunca el trabajo duro.

Estás tratando de ser más inteligente que el esfuerzo antes de siquiera haberlo enfrentado. Eso es como afirmar ser un prodigio del tenis sin haber cogido una raqueta. Puede que tengas talento, seguro, pero hasta que hayas puesto las horas, algún tipo promedio que se haya estado esforzando te destruirá.

DIA ????????

El talento solo importa una vez que te has ganado el derecho a usarlo. Sin el esfuerzo, el talento no vale nada.

Y luego está la multitud alardeando: "Trabajo de forma inteligente, no duro". "Solo trabajo una hora al día".

Muy bien, Einstein. Hagamos un poco de matemáticas. Si trabajar de forma inteligente obtiene resultados en una hora, imagina combinar eso con trabajar duro durante 12 horas al día. Serías imparable. Eso es lo que separa a los ganadores del resto. Yo no me detengo.

Toda mi vida es trabajo. Este libro: trabajo. El gimnasio: trabajo. Todo lo que hago me impulsa hacia adelante. Por eso gano. Todo este ruido sobre el equilibrio entre el trabajo y la vida es solo una excusa para la pereza. ¿Quieres ganar? Trabaja más que el tipo dispuesto a sacrificar todo por esforzarse.

Este mundo es jugador contra jugador, y si te quedas sentado diciendo: "No quiero trabajar más de una hora al día", adivina qué: el tipo que trabaja 12, 15 horas te enterrará. La inteligencia no gana por sí sola. Siempre hay alguien igual de inteligente pero hambriento, o alguien que se esfuerza más. Así es la vida. Acéptalo o quédate atrás.

DIA ????????

La gente habla de ingresos pasivos. "Quiero ganar dinero mientras duermo". Suena genial, ¿verdad? Pero si estás quebrado, incluso pensar en ingresos pasivos es estúpido. No puedes ganar dinero mientras duermes si no estás ganando nada mientras estás despierto.

Primero domina los ingresos activos. Esfuérzate, construye algo que valga la pena automatizar más tarde. Bienes raíces, acciones, cripto, negocios: todos requieren trabajo. No existe tal cosa como un ingreso pasivo verdadero.

Deja de buscar lo fácil, deja de buscar atajos. El esfuerzo es donde se encuentra el éxito. Si no puedes manejarlo, no lo mereces. Los ingresos pasivos no son el punto de partida, son el resultado de maximizar tus horas activas y luego optimizar. Si estás soñando con dinero fácil y pasivo, no eres inteligente, estás delirando.

La motivación es una mentira; la disciplina es lo que te separa de los ganadores. No siempre tengo ganas de levantarme, pero lo hago porque la disciplina vence a la emoción. Si no estás dispuesto a esforzarte, a enfrentarte a las dificultades de la vida, entonces vas a ser superado.

La vida es brutal, es jugador contra jugador. Si no te

esfuerzas, alguien como yo tomará lo que tienes mientras tú te quejas. Mi éxito no se debe a suerte, sino a la disciplina y el esfuerzo constante. Tus antepasados lucharon y sacrificaron todo para que tú tuvieras una oportunidad. ¿Vas a desperdiciarla en redes sociales o lamentándote?

Si quieres tener éxito, necesitas disciplina, sistemas y rodearte de personas que te desafíen. Si te rodeas de débiles, seguirás siendo débil. La vida no te va a dar nada gratis. No hay excusas, en la vida no podrás ser feliz, si no eres competente y ganas.

Si estás buscando comodidad, estás perdido. El éxito no es para los que se conforman. Es para los que están dispuestos a arriesgar todo. Ser un hombre exitoso no tiene que ver con ser feliz, sino de ser respetado y ser libre lo que conlleva a momentos de verdadera paz y felicidad.

Si no estás dispuesto a trabajar duro todos los días, sin excusas, nunca vas a lograr nada. La vida no fue hecha para ser fácil, fue hecha para que te esfuerces, luches y dejes tu huella.

MEMENTO MORI

CONCLUSIÓN

¡Gracias de corazón por haber adquirido y leído este libro!

Tu confianza en este proyecto significa más de lo que las palabras pueden expresar. Cada página de este libro fue escrita pensando en brindarte herramientas y motivación para transformar tu vida, y me llena de gratitud saber que lo has hecho parte de tu camino.

Te invito a seguirnos en nuestras redes sociales, donde compartimos mensajes motivadores todos los días, especialmente dirigidos a hombres como tú, que están decididos a superarse y a avanzar. Además, a través de nuestras plataformas estarás al tanto de las nuevas actualizaciones y contenidos que tenemos preparados para ti.

Tu opinión es crucial para nosotros. Si el libro te ayudó, o si crees que podría mejorar en algo, no dudes en dejarnos una reseña. Tu retroalimentación nos ayudará a seguir mejorando y ofrecerte lo mejor en futuras ediciones.

También, si conoces a alguien que pueda beneficiarse de este mensaje, no dudes en compartirlo. Regalarle una copia del libro a tu hermano, padre, primo o sobrino puede ser ese impulso que necesitan para salir adelante y enfrentar los retos de la vida con la fuerza que se merecen.

No se olviden de unirse al grupo de privado de WhatsApp de este libro, escríbenos un mensaje en Instagram "**@hombrespeligrosos**" para que podamos darte el acceso.

Seguiremos trabajando y no descansaremos hasta que más de 1 millón de hombres sepan de nosotros y aprendan como pueden convertirse en la mejor versión de ellos mismos forjando sus cualidades.

Al recomendar este libro nos estas ayudando a seguir financiando el proyecto y seguir aportando valor.

Una vez más, gracias por confiar en este proyecto. Sigamos creciendo juntos, porque el verdadero cambio comienza con una decisión, y tú ya la has tomado.

¡Vamos por más!

Ha sido un verdadero privilegio pasar este tiempo ustedes.

¡Nos encontraremos muy pronto!

Un abrazo y que Dios te bendiga.

- Humberto Montesinos
Fundador de Hombres Peligrosos ®

Contáctanos

EN INSTAGRAM – FACEBOOK – YOUTUBE - TIKTOK
@hombrespeligrosos

PÁGINA WEB:
www.hombrespeligrosos.eu

CORREO ELECTRONICO:
hombrespeligrososoficial@gmail.com

Katie,

Thanks for the support!

Let's get Muddy!

Rich Barretti